AF363508

PETITES COMÉDIES

DU BOUDOIR

294-40 — CORBEIL. Typ. et stér. CRÉTÉ

PETITES COMÉDIES

DU

BOUDOIR

PAR

PHILIBERT AUDEBRAND

TROISIÈME ÉDITION

PARIS

CALMANN LÉVY, ÉDITEUR

ANCIENNE MAISON MICHEL LÉVY FRÈRES

RUE AUBER, 3, ET BOULEVARD DES ITALIENS, 15

A LA LIBRAIRIE NOUVELLE

—

1880

A

AURÉLIEN SCHOLL

Cher ami,

Laisse-moi te dédier ces pages écrites à Paris, sur Paris, pour Paris.

Parisien par excellence, né à la Rochelle, ton nom leur tiendra lieu du meilleur des passeports.

P. A.

AU LECTEUR

EN MANIÈRE DE PROLOGUE

En regard de la grande comédie sociale, telle que la voient les philosophes, il se passe, chaque jour, sous nos yeux, mille et une petites scènes d'une allure frivole, mais toujours pleines d'enseignements. Si vous l'aimez mieux, il n'y a pas que du drame ni de graves rencontres dans le mouvement de la vie moderne. La petite comédie y est aussi fort abondante.

Dans notre XIXe siècle, si affairé, Molière et H. de Balzac auraient sans aucun doute beaucoup à moissonner, mais Lucien, en glanant derrière eux, trouverait aisément de quoi faire une gerbe.

Expliquons-nous mieux.

1

Depuis Aristophane jusqu'à nos jours, les maîtres du genre se sont étudiés à faire mouvoir l'action d'une fable sur la place publique ou dans la maison avec toutes les portes ouvertes. Ayant à étaler les travers, les vices et les ridicules de l'homme social, il leur fallait, en effet, un théâtre large, où toutes les passions pussent se développer à l'aise et de haut vol. Mais la comédie se manifeste partout. Elle vit autant à l'étroit qu'en plein air. Pour qu'elle se donne carrière, il suffit qu'il y ait deux interlocuteurs en face l'un de l'autre.

C'est cette comédie de très petite taille que j'ai eu la fantaisie d'essayer. Quiconque voudra se donner la peine d'ouvrir ce volume verra que les pièces dont il est composé ont, du moins, le mérite d'être fort courtes. En général, le dialogue ne s'y engage qu'entre deux causeurs presque toujours de l'un et de l'autre sexe. Il y en a parfois trois, rarement quatre, jamais un de plus.

Ceci soit dit afin de justifier la première partie de notre titre. Pour la seconde partie, la chose aussi va d'elle-même. Dans la presque unanimité des cas, la comédie est une scène de chambre à coucher, une scène d'alcôve même, le verrou poussé. Mais si cette Muse du boudoir a son franc-parler, ainsi que cela

doit être, ce n'est pas une Thalie dont on doive redouter la licence. Elle a et elle doit avoir la langue
bien pendue, c'est tout.

Encore un mot.

Pour avoir toujours du relief, la petite comédie
d'alcôve ne va chercher ses sujets que dans un monde
à part, monde fait au caprice et à la fantaisie, celui
des viveurs et des artistes. Pasquin disait, un jour, à
Marforio : « Je ne m'occupe de ce qui est voyant. »
Nous de même. Ainsi ce petit théâtre est placé sur
la lisière de toutes les bohèmes. Ceux qu'on appelle
les honnêtes gens ne doivent être que son parterre et
ses spectateurs.

Assez là-dessus. Voilà les trois coups du régisseur
frappés. Le rideau se lève. Lisez, écoutez et voyez.

P. A.

PETITES COMÉDIES

DU BOUDOIR

I

LE PETIT BAL DES BÊCHEVILLE

PERSONNAGES :

THÉODORE-ENDYMION MIDOUCET, maître de forges.
ÉLODIE, sa femme.

La scène se passe dans la chambre à coucher, en février 1869.

Tout en faisant, en défaisant et en refaisant, pour
la dixième fois, le nœud de sa cravate, M. Théodore-
Endymion Midoucet interpelle sa jeune femme, qui
a manifesté le désir d'aller dans un bal privé du présent carnaval. — Portrait dudit M. Midoucet : Tendre
maître de forges du Nivernais, ayant un pied-à-terre

et un dépôt d'acier fin à Paris : trente-huit ans, déjà
chauve parce qu'il a fait beaucoup de chiffres ; l'œil
soupçonneux, deux lèvres minces, taille et intelli-
gence moyennes. — Au moment où le nœud de sa
cravate va, comme Brahma, entrer dans une onzième
métamorphose, l'homme élève tout d'un coup la voix
d'un air fâché.

M. MIDOUCET. — Ce que j'ai fait de cette petite lettre
sur pelure d'oignon que nous ont envoyée les Bêche-
ville ? Je serai franc, Élodie, je l'ai brûlée. On nous
y invite, toi et moi ; on nous attire à l'une de ces soi-
rées indécentes que les prétendus gens du monde
nomment des bals parés, et que ces dames du pays
Bréda appellent des sauteries. Tu hausses les épaules ? Naïve enfant, tu ne sais donc pas ce que c'est
que ces bals ? Il y a quelque part un sage nommé
Gérôme qui prétend que ces réunions, ça ferait rougir une pivoine. Ce Gérôme est un peintre, mais un
homme chaste, qui a fait à sa manière, avec ses pinceaux, la satire de ces orgies. Il y représente un carrefour du bois de Boulogne, le lendemain du mardi
gras, pendant la neige. Deux petits messieurs dégui-
sés en pierrots sont sortis d'un de ces bals et arrivent,
la musique du galop encore dans l'oreille, l'épée à la
main, pour se couper la gorge. Après deux passes,
l'un des deux tombe et rougit la neige de son sang.
Telle est la leçon de haute philosophie que ce Gérôme

a donnée à notre civilisation trop dansante. Les têtes folles n'ont pas beaucoup aimé ce tableau et cela se conçoit. Nous autres maris, c'est tout le contraire ; nous en faisons nos délices ; je ne suis pas fâché de vous le dire. Nous l'avons fait reproduire jusque sur les mouchoirs de poche.

ÉLODIE. — Eh ! monsieur, il n'est pas question de recommencer le *Duel des pierrots !* Il n'y aura que d'honnêtes gens !

M. MIDOUCET. — Que répliquez-vous, Élodie ? La question d'indécence et de chasteté n'a rien à voir dans un modeste bal donné par les Bécheville, dites-vous, madame ? Eh ! pardieu, c'est encore là une chose que je n'ignore point. D'ailleurs, pour vous, il ne s'agirait, dans cette petite fête, que de se faire faire une robe neuve. La robe neuve, guitare connue, trop connue ! En soie mauve, parce que vous êtes blonde ; à traîne, parce que vous êtes grande ; avec des bouffants, des rubans et des agréments à n'en plus finir, parce que vous voulez qu'on vous remarque ? Halte-là ! je n'entends plus payer de mes deniers de pareilles débauches d'étoffe. — Ça ne coûte que 500 francs, 600 francs au plus ? Le mieux est de ne pas s'y laisser mordre, ma chère. Avant que la faiseuse à la mode commence la toilette, on dit comme ça : — « Petit ami, ce n'est rien du tout ; non, c'est tout au plus une bagatelle de 25 louis, un rien pour toi. » Aussitôt que la machine est finie, avant même le bal, on présente la note avec ses annexes et ses dépendances. Vous diriez du devis d'une bâtisse en construction. Sur cette pancarte, les chiffres s'allongent à la manière d'un serpent de la côte de Coromandel. Ce qui était d'abord une vétille de 500 francs devient un bordereau de 1,500 livres, le pourboire du trottin de la faiseuse non compris. — Oui, madame, j'y ai été pincé plusieurs fois : robe mauve, robe noire, robe verte, robe ruchée ou non ruchée. Je ne me laisserai plus prendre à toutes vos couleurs, je vous en réponds.

ÉLODIE. — Faut-il donc, pour vous plaire, aller toute nue ? (*Elle pleure.*)

M. MIDOUCET. — Une larme ! une larme ! Vous pleurez parce que je vous parle en mari économe, qui tient à faire honneur à ses échéances de maître de forges, et qui ne fera jamais passer le plaisir de sauter en cadence qu'après l'utilité ! — Vous êtes la plus malheureuse des femmes ? — Quelle est la fille d'Ève qui ne chante pas cette chanson-là ? — Pleurez, pleurez, ma belle ! Vos larmes ne sont pas d'or. Criez, le vent de février emportera vos soupirs. En conscience, j'aime mieux ça qu'une pilule de 1,500 fr. à avaler.

ÉLODIE. — Ah ! si Paris savait quel tyran vous êtes !

M. MIDOUCET. — Allons bon, voilà encore autre chose ! Je vous tiens en chartre privée ? Que ne dites-vous, Élodie, qu'étant un autre Barbe-Bleue, je vous enferme à triple cadenas dans un cabinet noir, ainsi que le faisait le comte de Chateaubriant pour Françoise de Foix, sa femme, pour la punir d'avoir donné un coup de canif dans le contrat en compagnie du roi François Ier ? Est-ce que vous n'êtes pas libre de vos mouvements ? Est-ce que vous n'êtes pas allée avant-hier au Théâtre-Français, qui, entre nous soit dit, a le tort de ne pas jouer assez souvent les œuvres vertueuses de feu Ponsard ? Est-ce que vous n'allez pas dîner chez votre tante de la place des Vosges toutes les fois que la fantaisie vous en prend, et c'est un caprice qui vous arrive souvent, Élodie, assez souvent pour rendre rêveur un mari moins débonnaire que le vôtre ?

ÉLODIE. — Mais nous sommes dans les jours gras, monsieur !

M. MIDOUCET. — Oui, je le sais, le carnaval est fait pour qu'on s'amuse. Sous ce rapport-là, nous sommes d'accord. Mais, mon cher bébé, qu'est-ce qui te défend de t'amuser, — pourvu que tu t'amuses décemment ? Est-ce que tu n'as pas ton ménage à récréer ? — Donne à dîner, si tu veux. — Pas trop d'invitations, cependant : ça gênerait nos échéances. — Une dinde truffée, deux poissons, des légumes verts, un peu de pâtisserie, du dessert, dix bouteilles de vin d'extra, c'est gentil. — Fais faire des crêpes par Marianne. L'agrément des crêpes, c'est qu'elles peuvent être également frites, cuites, sucrées et mangées par le dévergondage et par la vertu. — Fais des crêpes. — Ça fera rire notre bébé. — Tu pourras même habiller ce loulou en marin, en zouave ou bien en questeur du Sénat. — Il est si drôle avec le plus léger accessoire ! — Tu hausses derechef les épaules ? Comment! en vue de tout ce que je vous permets, madame, vous osez dire que vous êtes une victime et que vous vous amusez ici tout juste comme une croûte de pain derrière une malle? — Ah çà! Élodie, vous avez donc été corrompue de fond en comble par les opérettes de Jacques Offenbach?

ÉLODIE. — Allez, je vois ce que vous voulez, à présent : faire de moi un pot-au-feu, et rien de plus.

M. MIDOUCET. — Si la vie d'intérieur telle que je te l'offre ne te convient pas, Élodie, j'avoue que je n'y suis plus. Je jette ma langue aux chiens. Je me sauve à ma forge de la Nièvre pour y veiller à la fabrication du fer du matin au soir. C'est ce que vous voudriez, madame? Encore une fois, je ne comprends rien de rien à ce qui se passe. Il me semble que, depuis que nous sommes venus habiter Paris, on vous a comme changée en nourrice. — Toi, cette petite Élodie si douce, si modeste, hier encore si facile à contenter! Te voilà, à présent, en voie d'aimer les violons et de jeter ton cœur et ton bonnet par-dessus les moulins.

— Il y a des moments où je crois que tu lis les romans licencieux d'Hector Malot. — Je vais t'acheter la gravure représentant le *Duel des pierrots* du sage Gérôme. Ça te calmera.

ÉLODIE. — Ça me poussera à l'insurrection, je vous en préviens, monsieur!

M. MIDOUCET. — Qu'est-ce que c'est que ça, madame? — De la colère? — Des trépignements de pied sur le parquet? — Eh bien, voyons, expliquez-vous plus clairement. — Est-ce à cause du chef-d'œuvre du sage Gérôme, cette fureur-là, ou bien à cause de la robe de soie mauve refusée? — Bon! je viens de rouvrir votre blessure, dites-vous. Voilà que vous vous emportez tout à fait. Élodie, ma belle enfant, vous êtes bien peu calme pour une fille qui a été élevée aux Oiseaux. — Je suis un tyran domestique, — un monstre, — un vampire. — On devrait m'étouffer entre deux matelas, moi et le sage Gérôme; c'est convenu, cela. Élodie! Élodie! ne cassez pas cette soucoupe en vieux sèvres! J'y tiens, parce que c'est un souvenir de famille. — Elle a servi jadis au poète Colardeau, qui était aussi un homme vertueux. — Bon! cassée! — La voilà en dix morceaux, la soucoupe! — Qu'est-ce que ces dames bien pensantes vous ont donc appris au couvent? — Est-ce que, de nos jours, les religieuses enseignent à leurs élèves l'art de casser la porcelaine de Sèvres?

ÉLODIE. — Puisque vous le prenez sur ce ton-là, ou j'apprendrai l'art de casser un mauvais mariage ou j'aurai ma robe mauve.

M. MIDOUCET. — La robe mauve ! toujours la robe ! — Eh bien, chérie, nous verrons ça à Pâques. (*A part.*) — Je veux sauver mes cristaux ! — Hein ! vous ne voulez pas attendre ; vous désirez la robe tout de suite, ou sinon... Élodie, ne portez pas la main à cette aiguière, je vous en conjure. — C'est un morceau de prix dont on m'a fait présent après une commande de fer bien exécutée. — La robe, dites-vous ? Mais, mon cher ange, tu l'auras, tu finiras par l'avoir, cette robe ! — Je n'ai jamais songé un seul instant à te la refuser. — Mais pourquoi ne consens-tu pas à attendre jusqu'à Pâques ? — Allons, non, tout de suite, tout de suite, tout de suite ; eh bien, soit, tu l'auras tout de suite. (*A part.*) Je veux sauver mon aiguière en cristal.

ÉLODIE, *à part.* — Il faudra bien que nous allions au bal des Bécheville !

II

LA FEMME DU TÉNOR

PERSONNAGES :

LÉLIA
JENNY } camarades de pension.

La scène se passe dans les coulisses d'un de nos grands théâtres
lyriques.

LÉLIA. — Tiens, je ne me trompe pas, c'est bien Jenny ?

JENNY. — Oui, Lélia, c'est bien moi.

LÉLIA. — Ma meilleure camarade de pension, quand nous étions chez les demoiselles Le Rasle, à Neuilly.

JENNY. — Nos dix-huit ans ont sonné ; nous sommes sorties le même jour. On nous a mariées l'une et l'autre peu de temps après.

LÉLIA. — Tu as épousé un artiste ?

JENNY. — Un peintre en décors, élève de Cicéri. C'est pour cette raison que tu me vois ici, à travers ces coulisses, où je n'étais jamais venue.

LÉLIA. — Est-ce que tu veux essayer du théâtre ?

JENNY. — Ah ! par exemple, quelle idée ! Non, il ne s'agit, de ma part, que d'un peu de curiosité. Dans cet opéra de ce soir, il y a, paraît-il, un arbre jeté en travers sur un torrent ; c'est un pont que les deux amoureux doivent traverser. Il y avait une retouche à faire à ce pont. Mon bon Martial, mon mari, m'a dit : « Puisque j'ai à retoucher le pont, viens avec moi : je te ferai voir les coulisses. Ça t'amusera. » Et je suis venue. (*Se reprenant.*) Mais je m'aperçois d'une chose, c'est que je suis bien indiscrète. Je ne parle que de moi, tandis que j'aurais dû d'abord ne m'occuper que de ce qui te concerne. Lélia, toi aussi, tu t'es mariée ?

LÉLIA, *froidement.* — Oui, sans doute, chère amie.

JENNY. — Aussi à un artiste ?

LÉLIA. — Pardieu, oui, puisque ce mot-là fait tourner toutes les jeunes têtes aujourd'hui.

JENNY. — Un grand chanteur, le ténor à la mode. Le succès est en permanence autour de ta maison. 150,000 francs par an et des couronnes... autant que deux bras peuvent en porter !

LÉLIA, *toujours froidement.* — Oui, beaucoup

d'or et des monceaux de fleurs, c'est vrai, Jenny.

JENNY. — De quel ton tu me dis cela !

LÉLIA. — Chère amie, passe-moi cette rengaîne ; mais, vois-tu, jamais elle n'aura été plus de mise que pour ta camarade de pension :

> Ni l'or ni la grandeur ne nous rendent heureux.

JENNY. — Si je ne me trompe, c'est le début de la jolie fable de *Philémon et Baucis,* un chef-d'œuvre de La Fontaine.

LÉLIA. — Baucis était heureuse en ménage. Cela venait surtout de ce qu'elle n'avait pas songé un seul instant à se marier à un ténor.

JENNY. — Ah ! ma chère belle, se pourrait-il que tu ne fusses pas heureuse ? Vois donc ! Le nom de ton mari brille en vedette sur l'affiche. Tous les feuilletonnistes se changent en enfants de chœur pour l'encenser régulièrement, chaque lundi. Cette salle est un temple dont il est le dieu incontesté. Toutes les fois qu'il y ouvre la bouche, il se fait un silence religieux ; et quand il a fini, six mille mains l'applaudissent à tout rompre, et sur ces six mille mains, il y a celles des grandes dames et des plus belles femmes de la terre. Il y a aussi celles des diplomates, des généraux, des tribuns, des poètes et des millionnaires. L'été venu, quand il est de règle de quitter Paris, il jette les yeux sur la carte de l'Europe, et, suivant son caprice, il peut aller au Midi ou au Nord, sûr d'être royalement accueilli partout. Naturellement tu es de moitié dans tant de triomphes. Comment donc oses-tu te plaindre?

LÉLIA. — Je ne te dirai rien : tu ne comprendrais pas.

JENNY. — Et 150,000 francs à remuer chaque année! Que de choses on peut faire dans un ménage avec cette somme! Tiens, mon Martial, avec son pinceau, ne gagne que 15,000 francs; eh bien, avec ça, nous trouvons moyen de nous donner des aises. Sans doute nous n'avons pas d'hôtel en marbre vert, boulevard Malesherbes, mais notre appartement de la rue du Rocher est une petite boîte assez confortable. Il y a un jardin pas plus grand qu'un mouchoir de poche, avec deux arbres anémiques; c'est assez pour faire prendre l'air au bébé et pour lui faire accroire qu'il est élevé à l'ombre d'une forêt vierge. Avec un peu d'économie, nous aurons une petite maison à Chatou ou à Saint-Germain-en-Laye. Ah! si Martial gagnait 150,000 francs par an!

LÉLIA. — S'il gagnait ce chiffre, tu serais sans doute fort à plaindre, ma chère enfant.

JENNY. — Que dis-tu là?

LÉLIA. — Rien que je ne puisse prouver, va. Ceux qui flattent mon mari, — et ils sont nombreux, — lui disent sans cesse : « Monsieur Mickaël, vous avez une mine de diamants dans le gosier! » Que ce soit vrai, je ne dis pas ; mais si tu savais à quelles conséquences ça entraîne, une mine de diamants placée là! D'abord Mickaël est toujours d'une humeur de dogue, à cause de l'état de la température. Un baromètre est moins variable. Pour un oui, pour un non, il faut toujours ouvrir ou fermer les fenêtres ; quand on les ouvre, il les veut closes ; quand on les ferme, il dit qu'on s'étouffe. Tu n'as pas idée du labeur que c'est d'empêcher un rhume d'entrer dans l'hôtel. Les fourrures, le feu bien ménagé, les tapis, c'est une science à étudier. Il y a aussi le chapitre de la nourriture. Il en est des ténors comme des rossignols qu'on n'élève qu'avec certains vers difficiles à trouver. Un ténor n'aime ni fade, ni épicé. Il ne lui faut pas de viande noire, ce serait trop tonique ; il ne lui faut pas de viande blanche, ça manque de substance. Et les soirs où il chante! Ayez un verre de sirop de gomme à lui faire boire cinq fois dans un acte et de l'eau-de-vie camphrée pour le frictionner. Ah! quelle scie!

JENNY. — Bast! Les inconvénients du métier. Toutes les professions ont les leurs, ma chère enfant.

LÉLIA. — Tu ne sais encore rien. Avec un ténor qui tient à sa voix et à sa réputation, il n'y a pas pour un sou de vie intime à espérer. Du matin au soir, un ténor ne pense qu'à lui. Il s'écoute chanter. Il étudie ses poses devant une glace. Il crie après les domestiques : — « Jean, mettez une sourdine aux sonnettes, le bruit m'agace les nerfs. — Brigitte, ne passez plus auprès de moi ; ça coupe ma tirade en deux. » — Il interroge sa gorge toutes les dix minutes, et il dit : « Mon *la* f...iche le camp! » Jamais une bonne parole. Toujours son *la*. — A table, il ne cause pas, de peur d'user son *la*. — Si je demande à sortir à son bras par un beau jour de soleil, il court au piano, afin d'exercer son *la*. — Dame, c'est la mine aux 150,000 francs, ce *la!*

Jenny, *étonnée*. — Au fait, je n'avais pas pensé à tout cela, moi.

Lélia. — Il y a bien d'autres sujets de tristesse auxquels tu n'aurais pas pensé! — Tiens, tout à l'heure, Jenny, en énumérant devant moi les éléments de ton modeste bonheur, tu me parlais d'un bébé que tu peux faire courir dans le jardin. Voilà une joie qui ne m'est pas permise à moi! Un enfant, garçon ou fille! Ah! bien oui, la tyrannie en *la* se dresse devant moi pour s'y opposer. Point de bébé : c'est bon pour les gueux!

Jenny. — En ce cas-là, ça n'est pas drôle, une mine de diamants.

Lélia. — Tu peux le croire. Le soir, en rentrant du théâtre, M. Mickaël, emmitouflé comme un voyageur qui traverse la Sibérie, s'écrie : « Vite ! vite ! mon lait de poule ! » Je le lui apporte sur une jolie petite table du Japon, car il ne veut être servi que par moi. Et il se couche en disant : — « Je crois que ce soir j'ai *raté* mon grand air ! » — Pas moyen de lui faire dire autre chose. Une fois étendu sur le lit, il se tourne du côté du mur, en disant : — « Ce diable d'air ! il me jouera un vilain tour ! » — Et quand la bougie est éteinte : — « Je chante après-demain : il s'agit de passer une bonne nuit ! » — Quelquefois il rêve que son *la* a pris la forme d'un papillon et qu'il s'envole à tire-d'ailes du côté de la Muette. Pour le coup c'est un cauchemar, et Dieu sait ce qu'il dit : — « Je suis mal soigné ! On ne m'aide pas assez à garder mon *la !* Je perdrai ma voix et mes 150,000 francs ! » — Va, Jenny, ces 150,000 francs font de moi la plus pauvre des femmes.

JENNY. — En effet, je...

Mais, en ce moment, le rideau s'étant levé, Mickaël venait de s'avancer au milieu de la scène. Vêtu en pêcheur napolitain, beau, fier, souriant, il chantait à pleins poumons une cavatine qui mettait sens dessus dessous la salle entière. L'air fini, on l'applaudissait avec frénésie, et mille voix des loges, en parlant de sa femme, s'écriaient :

— Ah ! qu'elle doit être heureuse !... Que je voudrais être la femme d'un grand ténor !

III

POURQUOI LE MARIAGE S'EN VA

SAYNÈTE EN ACTION

C'était il y a quelques jours, dans une soirée de la Chaussée-d'Antin, chez un de ces loups-cerviers de la Bourse, qui, en ce siècle, mènent une vie de prince.

Deux hommes encore jeunes se promenaient dans les salons, le lorgnon à l'œil, cherchant bien plus à voir qu'à être vus.

Au moment où l'orchestre donnait le signal d'un nouveau quadrille, le plus âgé dit tout à coup à l'autre :

— Tenez, cher ami, voilà, par là-bas, la charmante personne que je voulais vous montrer.

— Cette petite brune qui a une rose blanche dans les cheveux ?

— Précisément.

— Fort jolie ; de grands yeux bleus avec de longs cils.

— Eh bien, mon cher, « demandez sa main », —
vieux style, — on vous la donnera.

— Permettez! Combien y a-t-il de dot?

— Trois cent mille francs.

— Une paille! Autant acheter tout de suite une
corde pour me pendre. Merci, mon très cher.

— Comment! trois cent mille francs, vous appelez
ça une paille?

— Sans aucun doute.

— Expliquez-moi ça, je vous prie.

— Ça n'est pas la mer à boire, allez!

— J'écoute.

— Trois cent mille francs, en 1879, le jeu n'en
vaudrait pas la chandelle.

— Dites toujours.

— Au plus haut, pour ne pas craindre la banque-
route, pour avoir un peu de sûreté, trois cent mille
francs, quand on se marie, ça se met sur le grand-
livre en trois pour cent, ou bien dans les obligations
de chemins de fer garantis par l'État.

— D'accord.

— Conséquence forcée, ça ne rapporte pas cinq
pour cent, les cours vous le disent et le nouvel impôt
sur les valeurs mobilières vous renseigne. Néanmoins
mettons cinq pour cent. Total : quinze mille livres de
rente. La petite brune à la rose blanche coûterait
plus que ça.

— Ah ! par exemple !

— Vous allez voir. Mon Dieu, je vais tous les jours à la Bourse, je sais l'arithmétique, peut-être. Tenez, elle est jolie : il faut qu'on la voie. Ainsi une belle toilette autant que possible. Deux robes par saison ; huit costumes, ce n'est pas trop. Ce sera, pour vous faire plaisir, la bagatelle de six mille francs seulement, ce qui n'est assurément pas exagéré, au prix où sont les rubans, la soie, le velours et les artistes en couture.

— J'y consens : six mille francs.

— L'amour, je veux dire le mariage, aime le linge blanc comme l'autel. Linge d'intérieur, linge de corps, dentelles, gants, coiffure, parfumerie, bijoux. Je pose deux mille francs et j'agis comme un cancre. Je n'ai pas compté les brodequins. Elle a des pieds de fée. Chaussures, voitures, bas de soie, petites pantoufles de chambre comme celles de Cendrillon. Je ne marque là que mille francs pour ne pas vous faire sauter en l'air.

— Voilà neuf mille francs.

— Ai-je compris les chapeaux? les fleurs artificielles ? les plumes ? les voilettes ? les manchons ? les faux cheveux, car la plus belle en use? Non. Eh bien, je suis bon prince : ne comptons pas ça. C'est beau de ma part. Il y a pourtant de menues dépenses indispensables : le piano, l'entretien dudit, la musique du jour, la pièce nouvelle, le roman à la mode, les dessins en vogue, un journal à images, le buvard, les timbres-poste, tout l'attirail de la tapisserie, de la broderie, la chaise à l'église ou à la synagogue, l'aumônière à remplir, la chinoiserie à acheter, quand on sort. Pour tout cela, quinze cents francs. Total, dix mille cinq cents francs, et nous détaillons les choses en vrais grigous. En passant, remarquez, s'il vous plaît, que, par grandeur d'âme, je n'ai pas dit un mot des choses nécessaires à la vie : loyer, table, cave, entretien de la maison. Je ne l'ai pas fait parce que, dans nos mœurs actuelles, il est convenu que la femme n'est plus un ustensile d'utilité, mais un objet de luxe. Il faut donc continuer à établir nos calculs sur cette hypothèse-là. Mais madame, ayant apporté en dot trois cent mille francs, se croit bien près d'être une princesse. Indépendamment des autres domestiques, elle réclame une femme de chambre pour la servir spécialement. Il ferait beau voir qu'on refusât une chambrière à une fille ainsi dotée ! En cela encore, je tiens à me montrer modeste. Gages, logement, nourriture, cadeaux, je ne mets que deux mille francs, et vous savez que ce serait un grand danger si elle coûtait moins.

— Bon : douze mille cinq cents francs.

— Il est un article que j'ai passé sous silence et que j'aurais dû accuser des premiers, au moment où il était question du trousseau; c'est celui de la blanchisseuse. Jadis, ce n'était rien. Sous Louis-Philippe, où l'on se flattait pourtant d'être raisonnablement propre, ce n'était presque rien, d'abord parce qu'on étalait beaucoup moins de chiffons; ensuite, parce qu'on soignait son linge soi-même, à commencer par les princesses. Mais tout cela est loin de nous. On a changé du tout au tout. Il n'y a si petite bourgeoise qui ne mette pour ce chapitre-là quinze cents francs à son actif. Je pose donc ce chiffre, et je suis sûr que je ferais rire tous les contemporains de pitié.

— Quatorze mille francs tout ronds, mon cher.

— Attendez! L'hiver on a couru le monde, les théâtres, les dîners de famille, les concerts, les petits bals d'amis, les courses, ce qui fait qu'on est harassé. Vient l'été. Ah! l'été, il est, tout entier, temps de vacances pour les Parisiennes. La ville recèle la chaleur du Zanzibar. Pas moyen d'y montrer son joli museau; ce serait indécent. Allons-nous aux sources thermales ou en villégiature dans le bois de Meudon? En Suisse ou à la mer? On saute inévitablement au cou du mari, en lui disant:

— Tu sais bien: l'usage est d'aller quelque part.

Partir seulement pour Vichy ou pour Bagnères-de-Luchon, pendant seulement un mois, aller et retour, avec l'inséparable femme de chambre, je vous défie bien de le faire à moins de deux mille francs. Les quinze mille francs sont dépassés de dix fois cent francs, et je vous laisse juge de la modération de mes chiffres. Eh bien, ce n'est rien encore.

— Seize mille francs pour avoir pris femme, ce n'est rien ?

— Non, mon cher, ce n'est rien, ce n'est qu'un léger commencement, si vous voulez vous donner la peine de songer aux conséquences que le sacrement amène avec lui. En ne s'écartant pas du programme que je viens de tracer, en utilisant les trois cent mille francs de dot, ainsi que je viens de le dire, en travaillant, en ne dépensant rien de superflu de son côté, en satisfaisant aux autres urgences de la maison, le loyer, la table, la cave, les domestiques, les visites, la parenté, on peut encore, à la rigueur, ne pas trop se repentir des suites de l'hymen. Mais vous n'ignorez pas à quelle fin la société préconise le mariage : c'est pour qu'on lui fasse des enfants. Et même vous seriez fort marri de n'en point avoir, ne fût-ce qu'un ou deux. Un garçon et une fille, ce que les bourgeois appellent « un souhait de roi ». Ah ! juste ciel ! avez-vous réfléchi à la série de servitudes sans nom que cette félicité paternelle suscite dans un ménage ? Non, tenez, je ne veux pas faire d'analyses là-dessus : ce serait à faire dresser les cheveux sur la tête : les frais de nourrice, la première enfance, le pensionnat, l'école, un état, une dot !

Et pour terminer :

— Non, non ; cueille qui voudra la rose blanche :
je n'épouse pas !

A L'AMI LECTEUR.

— De la société moderne ou des jeunes gens qui
refusent d'épouser, qui a tort ?

Répondez, Cieux et Mers, et, vous, Terre, parlez!

IV

LE DOYEN DE SAINT-PATRICE

PERSONNAGES :

LE DOCTEUR SWIFT, doyen de Saint-Patrice.
LORD LONDONDERRY.
LYDIA, fille du Lord.
JOHN DERBY, valet du docteur Swift.

La scène se passe sur la route de Dublin à Waterford, en Irlande. — On touche aux derniers jours de l'automne.

SCÈNE PREMIÈRE.

LE DOCTEUR SWIFT, JOHN DERBY.

LE DOCTEUR SWIFT, *assis sur l'herbe, dans le carrefour d'un bois, équarrit une branche d'arbre avec son couteau.* — Oui, John, tu en diras ce qu'il te plaira, mais la fantaisie m'est venue de m'arrêter ici pour faire un polichinelle, une marionnette, une marotte, je ne sais trop quoi. Peu importe le nom. Ce que je sais bien, c'est que je ne reprendrai ma route qu'après avoir mis la dernière main à l'œuvre que j'ai commencée. Prends donc un peu patience, mon garçon.

JOHN. — Prendre patience, docteur, cela vous est aisé à dire. Veuillez me faire l'honneur de remarquer qu'il y a déjà quatre heures que nous sommes sortis de Dublin à jeun, comme toujours. Voilà le soleil qui baisse, et nous ne nous sommes encore rien mis sous la dent.

LE DOCTEUR SWIFT. — Monsieur John, mon serviteur, donnez-vous la peine de méditer cette parole du prophète Baruch : « L'homme ne vit pas seulement de pain, mais de toute pensée qui lui vient d'en haut. »

JOHN. — Eh ! mon cher maître, quelle pensée vous vient-il donc d'en haut ? Celle de nous faire faire halte à la corne d'un bois, pour sculpter une tête de marionnette dans un morceau de cytise !

LE DOCTEUR SWIFT. — Il est possible, monsieur John, que vous ne voyiez point combien ce que je fais est conforme aux ordres de la Providence ; mais tenez, écoutez ceci. Dans toute société bien organisée, il serait impossible de se passer de marionnettes. Pour représenter la vie de l'homme, pour le corriger, l'esprit des poètes invente ces petites figures en bois et en carton, dont je me propose de tirer ici un millionième exemplaire. En faisant cette invention l'esprit des poètes est sagement inspiré.

JOHN, *avec un soupir*. — J'admirerais bien davantage l'esprit qui aurait la précaution de mettre dans mon havre-sac de voyage une tranche de jambon et une cruche de porter.

LE DOCTEUR SWIFT. — Monsieur John, apprenez que cela ne date pas d'aujourd'hui. Les dieux de l'antiquité étaient des troncs d'arbre, et, dans l'origine du monde, le pâle troupeau des fils d'Adam adora ces marionnettes. L'idole parée à l'antique était guindée sur son piédestal, et les prêtres et le peuple baissaient la tête devant elle. De là, l'imagination des bardes enseigna et fit croire que les arbres pouvaient produire des corps humains, et que les branches d'un tronc pouvaient se tourner en bras.

JOHN. — Ah! vénérable docteur, si ces arbres sous lesquels nous sommes assis pouvaient seulement me donner un morceau de pain bis et un angle de fromage de Chester, je m'en contenterais. Peut-être même irais-je jusqu'à m'agenouiller devant eux.

LE DOCTEUR SWIFT, *vivement*. — Monsieur John, c'est ainsi qu'Ovide Nason a reconnu dans ses *Métamorphoses* que l'homme est une tête de bois. A Londres, sur les théâtres forains Powell et Streecht, deux bouffons, deux farceurs, deux amis du peuple, suivent ce système du poète romain. La vie est une farce, et le monde n'a jamais été qu'un théâtre. Ce que Momus était à Jupiter, Punch l'est pour nous, gens de la Grande-Bretagne. Le premier était un comédien céleste, l'autre est un polichinelle ici-bas. Cette scène passagère, où nous nous agitons, ressemble aux comédies de Shakspeare, où paraissent diverses figures, les unes graves, les autres folles. J'aime mieux les folles.

JOHN. — Quant à moi, mon maître, ce que j'aimerais le mieux, pour le moment, ce serait une figure de rôtisseur.

LE DOCTEUR SWIFT. — Eh ! qui te dit, triple drôle, que Dieu ne t'en enverra pas une? — En attendant, tiens, je m'en vais tout là-bas, à cent pas, quérir un peu de terre glaise pour pétrir le ventre de ma marionnette. Fais bonne sentinelle autour de mon chef-d'œuvre inachevé. Il ne faut pas qu'un pareil trésor se perde. Je reviens d'ici à dix minutes. (*Il s'éloigne.*)

SCÈNE II.

JOHN DERBY seul.

Eh bien, voilà un joli métier que celui de valet de monsieur le docteur Swift, doyen de Saint-Patrice, homme bizarre qui fait des livres de philosophie et de petits bonshommes de bois. Mon maître voyage le plus souvent à pied, un livre à la main, et, quand il s'absorbe dans sa lecture, il marcherait jusqu'à la nuit sans s'arrêter une seconde pour manger ni pour se reposer. Vous allez voir que, cette nuit encore, nous coucherons à la belle étoile. Avant-hier, nous étions par delà Dublin, courant à travers la campagne, selon l'usage. Midi sonnait que nous n'avions pas encore rompu notre jeûne. Chemin faisant, nous rencontrons l'hôtellerie de la *Truie qui file*. Emporté par les aromes de la cuisine, je veux entrer ; mon maître m'arrête brusquement par le bras : « — Eh ! goulu, que vas-tu faire ? me crie-t-il. Je parierais que tu te laisses encore tenter par l'odeur du tourne-broche. — Mais, lui dis-je, ne faut-il donc pas vivre ? — Nous dînerons ce soir à la ville. — Oui, mais nous n'avons pas déjeuné ce matin. — Eh bien, ce matin n'est-il pas déjà loin de nous ? L'homme sage ne doit jamais songer qu'aux jours qui sont devant lui et non à ceux qui sont passés. — Mais, mon cher maître, hasardai-je, m'avez-vous donc pris à votre service pour me nourrir comme un anachorète, de l'air du temps et d'oraisons jaculatoires ? » Pendant ce temps-là, nous perdons de vue l'hôtellerie de la *Truie qui file*, et nous nous retrouvons en rase campagne jusqu'au soleil couché. Il est clair que le même sort nous est réservé pour aujourd'hui. (*Il fouille un havre-sac.*) J'ai beau chercher, peine perdue ! Il n'y a toujours que ce manuscrit qui jette mon maître dans le ravissement : *Traité des Marionnettes.* (*Il lit.*) « Pourquoi ne serais-je pas fou de ces pantins qu'on fait mouvoir à l'aide d'un fil ? Si je promène les yeux autour de moi, je ne vois que marionnettes. Pour tous les contemporains, le roi actuel de la Grande-Bretagne est un puissant prince ; pour moi, il n'est qu'un personnage de bois doré qu'un ministre fait aller de droite à gauche, et *vice versa*, selon son caprice. Ah ! les marionnettes, où ne sont-elles pas, je vous le demande ? Qu'est-ce que ce pauvre conteur d'histoires pour rire qui noircit péniblement du papier dans une mansarde ouverte à tous les vents du ciel ? Une marionnette, que la main avare d'un libraire fait mouvoir à son gré. — Ce financier tout cousu d'or, qui a un hôtel, des chevaux, quatre valets, des vaisseaux dans le port, des comptoirs dans les quatre parties du monde, est-il maître de sa volonté ? Point du tout. Il obéit bassement à sa vanité qui lui dit sans cesse : « Achète un titre de duc et pair. » Son orgueil est une sorte d'*impresario* qui lui fait faire plus de gambades en un jour qu'il n'y a de minutes dans une heure. Les marionnettes ! les marionnettes ! Je vous soutiens qu'il n'y a rien autre chose sur la surface de la terre. Un jour, un homme tient dans sa main un millier de fils à la fois, fils au bout desquels pendent toutes sortes de polichinelles : tel fut Olivier Cromwell, le plus grand comédien des temps modernes. O hommes ! ô pantins de chair et d'os ! ô rois de la création, qui êtes tous des esclaves ! ô fortes têtes de carton et de bois peint, je me félicite de n'être pas comme vous tous, une poupée à ressort ! » (*Il ferme le manuscrit.*) Ouf ! la tirade n'en finit plus ! (*On entend le bruit du cor.*) Qu'est-ce que ce bruit ? Une fanfare ! de la musique ! Hélas ! c'est bien le cas de dire : *Ventre affamé n'a point d'oreilles.* Je n'ai pas besoin, pour le quart d'heure, d'entendre le son du cor de chasse.

SCÈNE III.

LORD LONDONDERRY, JOHN DERBY.

LORD LONDONDERRY, *en costume de chasse, le fusil en bandoulière.* — Eh ! l'ami, un mot !

JOHN. — Qui m'appelle ?

LORD LONDONDERRY. — Je viens de rencontrer à dix pas d'ici un homme d'une grande originalité, qui lit en marchant les *Comédies d'Aristophane,* et qui adresse de longs discours à chacun des oiseaux qui volent à côté de lui. Le connaissez-vous ?

JOHN. — Belle question ! c'est mon maître.

LORD LONDONDERRY. — Y a-t-il de l'indiscrétion à vous demander comment il se nomme?

JOHN. — S'il faut vous le dire, c'est monsieur le doyen de Saint-Patrice.

LORD LONDONDERRY. — Quoi! le docteur Swift, l'illustre auteur de *Gulliver?*

JOHN. — Précisément.

LORD LONDONDERRY. — Et vous le servez?

JOHN, *avec un soupir*. — Hélas! oui, monsieur, pour mes péchés.

LORD LONDONDERRY. — Mais où allez-vous à une pareille heure?

JOHN. — Tout droit au ciel, sans nous détourner.

LORD LONDONDERRY. — Comment! au ciel?

JOHN. — Rien de plus clair. Mon maître invoque sans cesse les puissances d'en haut, et moi, je suis toujours à jeun. Où va-t-on, s'il vous plaît, par le jeûne et la prière, si ce n'est dans le pays azuré des anges?

LORD LONDONDERRY. — Allons, vous êtes de braves gens. Vous n'irez pas si loin pour aujourd'hui. Tenez, voyez-vous là-bas, à trois portées de fusil, à travers les arbres, ce château à toiture d'ardoises? C'est ma résidence, c'est mon château. Tout homme considérable peut s'y regarder comme chez soi. Allez vite quérir monsieur le doyen de Saint-Patrice, votre maître, et venez sur-le-champ avec moi l'un et l'autre. Vous trouverez

au château bon gîte, bonne table et bonne compagnie.
On va servir le dîner d'ici à vingt minutes au plus tard.
Je vous attends.

JOHN, *haut*. — Que Votre Grâce soit bénie! (*A part.*)
Voilà pourtant le rôtisseur que je demandais tantôt au
ciel, et que, dans sa bonté inépuisable, la Providence
m'envoie à point nommé! (*Haut.*) Eh! monsieur
le docteur! monsieur le docteur! arrivez donc vite! Il
y a là un respectable seigneur, un lord, sans aucun
doute, qui veut rendre hommage à votre génie et.à
vos polichinelles!

LE DOCTEUR SWIFT, *revenant*. — Sol ingrat, on n'y
trouve pas de terre glaise! Du sable, des pierres,
rien de plus ; impossible de faire une marionnette par
ici...

JOHN. — Ah! mon cher maître, il s'agit bien de ces
bagatelles!... Le lord nous invite à nous asseoir à sa
table pour dans vingt minutes au plus tard! Quittez
vos airs distraits, je vous en conjure. La politesse
exige que nous ne fassions pas trop attendre Sa Sei-
geurie. (*Il va au-devant de Swift et l'amène.*)

LE DOCTEUR SWIFT. — S'il y a de la terre glaise dans
le parc du château, à la bonne heure, j'y vais. Sinon,
non.

SCÈNE IV.

Une salle à manger du château.

LORD LONDONDERRY ; MISS LYDIA, sa fille ; LE DOCTEUR SWIFT, à table. — Plus loin, JOHN DERBY, assis devant un guéridon, à part.

LE DOCTEUR SWIFT. — Milord, la bécasse que Votre Seigneurie a mise dans mon assiette, et que je viens de manger, a peut-être trois cents ans. J'ai lu dans Bertram Mac-Gregor, moine écossais, célèbre naturaliste, que ces volatiles vivent jusqu'à trois siècles. Ah ! si j'avais à parcourir le même laps de temps, que de belles choses je ferais !

MISS LYDIA. — Vous voulez dire, docteur, que vous écririez de beaux livres ?

LE DOCTEUR SWIFT. — Point du tout, miss. Je veux parler de mes polichinelles.

JOHN, *à part.* — Allons, voilà sa folie qui le reprend.

LORD LONDONDERRY. — A la rigueur, monsieur le doyen, *Gulliver* peut bien passer pour un polichinelle : mais que de raillerie et de sagesse sous l'enveloppe de cette marionnette ! Tendez votre verre, et buvons encore un coup de malvoisie à votre prochain chef-d'œuvre, à quelque beau livre dans lequel vous flagellerez sans pitié les travers et les ridicules de maître John Bull. La matière est inépuisable. A la suite de *Gulliver*, donc !

LE DOCTEUR SWIFT. — Nenni, milord. Pas de toast. Je ne ferai plus de livre. Un livre, quelque beau qu'il soit, c'est bien là le véritable signe de la démence, et je dirai même que plus le livre est beau, plus l'auteur doit avoir la tête fêlée. Il y avait des moments où le vieux Geffroy Chaucer était fou. Shakspeare, qui avait tant de génie, n'était pas toujours maître de son bon sens. Ajoutez à cela les tracasseries qui résultent inévitablement de la publication du moindre ouvrage, et vous plaindrez les écrivains plus que vous ne les envierez. Quand j'ai fait *Gulliver*, quatre imbéciles qui croyaient avoir été mis en scène dans la fable ont menacé de me donner des coups de bâton. J'ai fait courir contre eux des épigrammes, et ils ont intrigué pour me faire ôter mon bénéfice. Milord, les polichinelles ne donnent pas de pareils tracas. Voilà pourquoi je ne ferai plus de livres, et pourquoi je composerai des marionnettes jusqu'au dernier soupir. Tenez, j'en organise une très belle en ce moment.

LORD LONDONDERRY. — Eh bien, que vous fassiez des romans ou des hommes à ressort, buvons toujours.

LE DOCTEUR SWIFT. — Soit, buvons, et mille grâces, milord, car c'est là le coup de l'étrier, si l'on peut parler ainsi quand on va à pied.

MISS LYDIA. — Eh quoi! docteur, est-il possible, vous nous quittez si vite?

LE DOCTEUR SWIFT. — On m'attend à Waterford, ce soir même.

JOHN. — Si mon maître me permet de dire un mot, je lui rappellerai qu'il a hardiment jusqu'à demain soir. (*A part.*) Comment se résoudre à quitter un château où il y a de si bon gibier?

MISS LYDIA. — Monsieur le doyen de Saint-Patrice, je ne puis croire que vous vous remettiez en route sur des chemins peu sûrs, quand il fait déjà nuit noire. Restez jusqu'à demain.

LE DOCTEUR SWIFT. — Eh! qu'aurions-nous à craindre, miss? Les chevaliers de la lune ne se risqueront jamais à venir demander la bourse ou la vie à l'homme qui sculpte des morceaux de cytise, et qui n'a jamais un penny sur lui.

MISS LYDIA. — Docteur, si vous n'avez pas à redouter de mauvaises rencontres, il n'en est pas de même pour les intempéries, ni pour le brouillard. Encore une fois, restez et soyez notre hôte jusqu'à demain matin. Mon père aura le plaisir de vous montrer ma corbeille de fiancée.

LE DOCTEUR SWIFT. — Vous vous mariez, miss?

MISS LYDIA. — Dans quatre jours d'ici, docteur.

LE DOCTEUR SWIFT. — Que Dieu bénisse votre union! Cependant permettez-moi en partant de vous faire mon cadeau de noces. (*Il lui jette sur les genoux le morceau de cytise qu'il a sculpté dans le bois.*) Vous le voyez, c'est une marotte, une marionnette. Gardez-la bien, et répétez avec les jolies filles du pays de Galles :

Le plus beau joyau d'une jeune mariée, c'est une marotte.

V

LES CARTES DE LA DUCHESSE

PERSONNAGES :

LUI.
ELLE.

LUI. — Avez-vous vu les cartes de la duchesse de M*** ?

ELLE. — Pas encore.

LUI. — On dit partout que c'est l'événement du jour.

ELLE. — Vraiment?

LUI. — Au sommet de l'échelle sociale, dans le faubourg Saint-Germain et dans le faubourg Saint-Honoré, ces jolies cartes sont mises sur le tapis de la conversation et l'on ne parle guère que d'elles depuis une dizaine de jours.

ELLE. — Qu'ont-elles donc d'extraordinaire?

LUI. — Premier point, figurez-vous, s'il vous plaît, que ces cartes de visite, d'un goût tout à fait élevé, ne sont pas des cartes, mais des aquarelles. Évidemment une pensée d'artiste a présidé à leur adoption. Une femme jeune, délicate, éprise de la nouveauté, s'est dit qu'il ne serait sans doute pas mal d'en finir avec l'horrible carte des photographes : uniforme, grise, noire, faisant voir la même figure, le même costume et les mêmes allures pour tout le monde, pour ce qui est digne de distinction et pour ce qui est vulgaire. Et là-dessus, elle est convenue avec elle-même de créer la carte-aquarelle.

ELLE. — En effet, ça sort du commun.

LUI. — Second point, non moins curieux à observer, cette carte, qui permet d'écrire le nom à la main, est encadrée d'une guirlande de jeunes Amours blancs et roses dans le style de ceux qui étaient si fort à la mode au temps de Louis XV. Un connaisseur s'écriera du premier coup : « Voilà du Watteau tout pur ! »

ELLE. — A l'aide de certains procédés, on fait aisément de ces choses-là.

LUI. — N'en croyez rien. Ainsi le Watteau n'est pas déjà une chose si commune. Il y a cent ans, quand il florissait à Paris et à Versailles, on ne le voyait que chez le roi, chez les princes et chez les grands. Il ne déchoit pas en se montrant aujourd'hui chez une duchesse.

ELLE. — Prenez garde ! Ce n'est guère démocratique ce que vous dites là.

LUI. — Il s'agit d'art et non de politique. D'ailleurs
je suis de l'avis d'Armand Carrel, qui disait : « Chan-
geons les blouses en habits et les habits en man-
teaux. » Est-ce qu'on ne doit pas inspirer aux masses
populaires le culte du beau ? Or, ces cartes sont belles,
comme les beaux vers, comme la belle musique.

ELLE. — En ce cas, pas une femme du monde ne
s'exemptera de les adopter.

LUI. — Tant mieux, ce sera du travail pour le pinceau de nos artistes. Qui sait ? ces tableaux, plus petits encore que ne le sont les Meissonnier, ouvriront
peut-être à l'art un horizon nouveau. — On n'entou-
rera pas invariablement les noms propres d'Amours ;
on voudra aussi avoir tantôt un paysage, tantôt une
scène de chasse ou de promenade à cheval, ou même
(pourquoi non ?) une scène d'histoire. Voyez d'ici les
charmants albums que cette innovation pourra faire
naître.

ELLE. — Ce sera donc un musée portatif. Aupara-
vant, c'est-à-dire depuis l'invention des portraits pho-
tographiques, on n'avait guère, sous les couvertures
d'un registre relié en chagrin, qu'une insipide collec-
tion de visages plus ou moins réjouissants à voir.
« Tenez, disait-on, après vous avoir empâté les mains
avec l'album du photographe, tenez, voilà le recueil

complet de mes amis et connaissances. Ce gros monsieur, c'est mon beau-père, capitaine dans la garde nationale. Ce petit frisé, qui a un museau de renard, c'est mon cousin le notaire de ***. Quant à cette grande maigre, que vous voyez juchée sur ses jambes à la manière d'une cigogne, c'est une parente au troisième degré, sèche comme une héroïne de Balzac, mais que nous soignons comme nos petits boyaux parce que c'est une parente à succession. » Et toute la famille y passait ainsi, caractérisée en trois mots. Mœurs fort aimables, n'est-ce pas ?

LUI. — Avec la carte-aquarelle rien de pareil ne pourra plus exister. Des dessins, des devises, des arbres, des paysages, de l'art, ce sera tout ce que vous voudrez, mais ce ne sera plus cette ânerie insipide. Et puis, il n'y aura plus de confusion. Impossible de confondre le vrai monde avec la cocotterie, la Gomme et le quart de monde.

ELLE. — Fort bien, mais ce ne sera pas à la portée de tout le monde, ces cartes-aquarelles.

LUI. — Sans doute. Pour comprendre ces cartes-là et ce qui s'ensuit, il faudra être un peuple de ducs et de duchesses. Eh bien, on y arrivera, — dans le XXᵉ siècle.

ELLE. — Vous croyez ?

Elle se met au piano et joue les préludes de la *Sérénade* de Mozart.

VI

LES FIANCÉES DU SACRÉ-CŒUR

PERSONNAGES :

LE COMTE ANNIBAL DE BRISKENBRÊCHE, **sénateur.**
OCTAVE DE CHARMEVILLE, neveu dudit.
NICOLE, servante du même.

SCÈNE PREMIÈRE.

Boulevard Malesherbes, hôtel d'un sénateur de la droite. — **Petit**
salon de réception. — Dix heures du matin. — Un homme
encore jeune, quoique déplumé, fort élégant, du reste, vient
d'entrer en visiteur et piétine en se dandinant sur les roses
du tapis.

OCTAVE. — Le digne oncle n'est pas encore levé. Il
fallait s'y attendre. Je ne peux cependant pas droguer
ici tout seul jusqu'à ce qu'il soit habillé. Joli métier
que celui d'un neveu de sénateur bien pensant obligé

de ne pas déplaire aux fantaisies et aux rhumatismes de son vieux parent ! Mais pourquoi m'a-t-il appelé, ce matin ? La politique ? Il sait bien que c'est pour moi la bouteille à l'encre. L'économie ? Encore une chose que je n'ai jamais pu comprendre. Tiburce m'a dit : « Il veut absolument te marier avec une petite héritière très titrée, très riche, mais très bossue. » Ah ! par exemple, nous verrons ça ! (*Il ouvre une porte au hasard.*) Tiens, qu'est-ce que c'est que ce petit museau de femme ?

SCÈNE II.

LA SERVANTE, *niaisant.* — Tê ! tê ! tê ! Vous m'avez appelée, m'sieu ?

OCTAVE. — Moi, petite ? Non... oui... si ! Qui êtes-vous, la belle enfant ?

LA SERVANTE. — Au Tréport, on me nomme Nicole, m'sieu.

OCTAVE. — D'où venez-vous ?

LA SERVANTE. —˙ D'un village de la vallée d'Auge, m'sieu.

OCTAVE. — Une fleur des champs ! Je m'en doutais. Tous ces vieux ogres du côté droit sont friands de chair fraîche. Mais pourquoi êtes-vous ici ?

NICOLE, *d'un air de soubrette de comédie, moitié bêtise, moitié astuce.* — Dame, m'sieu le comte, qui m'a vue à la mer, m'a dit : « Petite, je te prends pour tout faire. »

OCTAVE. — C'est juste : l'habitude des bons morceaux. Vieux chenapan, va ! (*Après avoir lorgné pendant qu'elle range les fauteuils.*) Une chose qu'on ne peut pas lui refuser : il se connaît en vins et en femmes. Celle-là est décidément fort jolie. Décrassez-moi ça, faites dessiner par Grévin un costume décolleté ; lissez cette tignasse d'or avec un peigne d'écaille ; on mettra sur le chapeau, très léger, presque aérien, une guirlande de myosotis ; ce corps, d'un blanc de lait, sera ensuite habillé de soie et jeté dans un huit-ressorts : vous verrez que ça ferait son persil aussi bien qu'une biche anglaise. Mais mon coquin d'oncle aime mieux, à ce qu'il paraît, qu'on fasse le tour du lac à huis clos. — Tudieu, qu'allais-je dire ? Le voilà en personne !

SCÈNE III.

LE COMTE ANNIBAL DE BRISKENBRÊCHE, *entrant.* — Ah ! c'est vous, monsieur le casseur d'assiettes ?

OCTAVE. — Cher oncle, vous ne m'avez pas encore vu, et voilà que vous me recevez par un bien gros mot !

LE COMTE. — Faut-il donc prendre des mitaines pour parler à un garnement de votre espèce ?

OCTAVE. — Bon ! voilà autant d'injures qu'il en faudrait pour faire tuer dix hommes au club des Moutards.

LE COMTE. — Des hommes ? Ça vous va bien de parler d'hommes, membres des clubs aristocratiques d'aujourd'hui ! Parole d'honneur, c'est à rougir pour la France blasonnée. Savez-vous à quoi vous passez votre vie, nobles enfants du Livre d'or ? Avec des chevaux, sous prétexte de sport ; avec des guenippes, sous prétexte de plaisir ; avec des grecs, sous prétexte de jeu de cartes. Oui voilà ce que font les Bayard, les Du Guesclin et les Xaintrailles modernes. Aussi le résultat de telles mœurs ne s'est pas fait attendre. Physiquement et intellectuellement, la noblesse ne donne plus que des rejetons poussifs, pâles, étiolés, mourants Quand la science veut mettre la main sur un crétin bien réussi, afin de faire des analyses, ce n'est plus dans les vallées de la Savoie qu'elle va faire sa recherche, mais à Paris, au milieu du cercle historique le plus brillant. On peut prendre alors dans le tas, les yeux fermés. — Eh bien, cher neveu, ce que je dis là, en le mettant au général, peut fort bien s'appliquer pour toi en particulier.

OCTAVE. — Cher oncle, je vous remercie,

LE COMTE. — Il n'y a vraiment pas de quoi, puisque ce que je viens de dire est de notoriété publique. Or, c'est désastreux, un tel état de choses. Comment voulez-vous que les classes dirigeantes continuent à diriger, c'est-à-dire à gérer les places, le budget, les fonctions, les honneurs, si nos pâles successeurs sont tout au plus propres à faire des décrotteurs sur le Pont-Neuf?

OCTAVE. — Cher oncle, sommes-nous donc aussi descendus que vous le croyez ?

LE COMTE. — Pardieu! il n'y a qu'à vous voir pour être convaincu ; il n'y a qu'à vouloir vous mettre à l'œuvre pour voir que vous ne pouvez rien faire ; il n'y a qu'à vous entendre pour apprendre que vous n'entendez même plus la langue de vos pères, mais je ne sais quel jargon bête et ignoble des boulevards, où il y a de l'anglais, du javanais, de l'argot et beaucoup de patois des coulisses. Chose plus grave encore, vous ignorez le grand art de se replanter par boutures ; vous êtes impuissants à vous marier.

OCTAVE. — Bon ! voilà le chapitre du mariage, à présent ! (*A part.*) La fiancée bossue ne doit pas être loin.

LE COMTE. — Écoutez, Octave ; tout ceci est fort sérieux. Monseigneur l'archevêque de Z*** me disait : « En s'étiolant, ils laissent se rouiller la clef des générations. Presque toutes les jeunes filles du grand monde sont condamnées au célibat, parce que ces drôles ont de l'éloignement pour le mariage, car enfin il vaut encore mieux mourir fille que de se mésallier. Mais enfin, mon cher comte, changez cela, du moins en ce qui concerne votre neveu. » Magnanime conseil ! tu en conviendras. Je veux le suivre ; c'est donc pour cela que je t'ai fait venir.

OCTAVE. — Cher oncle !

LE COMTE. — Voilà que tu te mets déjà à demander grâce. Écoute, j'ai pour toi un parti excellent, la pie au nid.

OCTAVE, *à part*. — La bossue, j'en suis sûr !

LE COMTE. — Une perle, trois millions de dot, et marquise par-dessus le marché.

OCTAVE. — Oui, cher oncle, mais bossue !

LE COMTE. — Qui te l'a dit ? Je n'en ai pas encore parlé, de cette particularité. Mais c'est fort peu de chose : une légère déviation de l'épaule gauche. Mais que de qualités ! quel charme !... Une élève de ces dames du Sacré-Cœur, les meilleurs principes et le plus beau blason ! — Tu fais la sourde oreille ? Je vois que les doctrines modernes se sont infiltrées jusqu'à toi ! Est-ce à cause du Sacré-Cœur que tu refuses ?

OCTAVE. — C'est surtout à cause de la bosse.

LE COMTE. — Puisque je t'ai dit que ce n'est rien, une apparence que la bonne faiseuse dissimulera. Et d'ailleurs les compensations sont si nom-

breuses ! Comment, tu baisses toujours la tête ? Tu
hésites ? Ah ! je comprends ! Des dettes ! un embarras d'argent ! Un homme qui court les cercles a une
liquidation à faire. Eh bien , ce n'est pas une question, ça. Combien dois-tu ?

OCTAVE. — Cher oncle, je ne sais pas au juste.

LE COMTE. — Cinquante mille francs ?

OCTAVE. — Plus que cela.

LE COMTE. — Quatre-vingt mille francs.

OCTAVE. — Encore plus.

LE COMTE. — Cent mille francs ?

OCTAVE. — Plus ! plus !

LE COMTE. — Cent cinquante mille ?

OCTAVE. — Vous approchez, mais c'est plus.

LE COMTE. — Eh bien , voyons : deux cent mille
francs?

OCTAVE. — Vous y êtes.

LE COMTE. — Eh bien, tiens, je vais, séance tenante,
te donner la somme ; tu t'en serviras pour nettoyer
la situation. — Il est entendu que tu me donnes un
reçu constatant l'objet et t'engageant... à ce que je
demande.

OCTAVE. — Au mariage ?

LE COMTE. — Sans doute. « Reçu du comte Annibal
de Briskenbrêche, sénateur, mon oncle, la somme de
deux cent mille francs, à l'effet de payer mes dettes,
et, en second lieu, d'épouser mademoiselle Her-

mance Cunégonde-Roxane, marquise de Bysances,
élève du Sacré-Cœur. »

— Et signe.

OCTAVE. — Hélas !... J'ai signé !

SCÈNE IV.

Le comte donne les 200,000 francs sous forme de chèque sur la
maison Rothschild. — Octave sort. — Dans l'antichambre il
rencontre Nicole effarée.

OCTAVE. — Petite ! petite !

NICOLE. — Quoi, m'sieu ?

OCTAVE, *tendant sa carte*. — Tiens, voici mon
adresse. Viens demain chez moi. Je te prends pour
tout faire, et ce sera bien plus agréable que chez
mon oncle : tu verras !

NICOLE. — Les beaux messieurs, c'est drôle quand
ça veut se marier.

VII

UN DÉBUT EN MÉDECINE

PERSONNAGES :

LE DOCTEUR SAVARUS, vieux médecin.
CHRISTOBAL, débutant.
BAPTISTE, domestique du docteur.

SCÈNE PREMIÈRE.

Appartement d'un des grands médecins de Paris. Peu de luxe,
beaucoup de confortable.

LE DOCTEUR SAVARUS. — Voyons, Ernest, voulez-
vous que je vous donne un bon conseil ?

CHRISTOBAL. — C'est pour vous en demander un
que je suis venu, cher maître.

— Eh bien, mon enfant, allez de ce pas ficeler
vos hardes, vos livres et vos souvenirs d'étudiant.

Vous renfermerez le tout à triple cadenas, au fond d'une malle. Cette première précaution prise, vous courrez à la gare d'Orléans et vous y prendrez un ticket de trente-sept francs cinquante centimes, qui vous conduira dans la jolie petite ville de la Ferté-les-Fraises, votre pays natal.

— Comment ! cher maître, vous m'exilez en province ?

— Ernest, la province est trop méconnue. Si je vous parle sur ce ton, croyez que c'est pour votre bien. Je connais la Ferté-les-Fraises, une oasis qui se mire dans le plus bleu et le plus charmant des affluents de la Loire. Dans cette contrée, tout est de la plus franche gaieté : le paysage, les habitants, le vin. On vous y mariera avec quelque jolie personne de l'endroit, la fille d'un riche meunier ou celle d'un fermier qui a du foin dans ses bottes. Vous deviendrez ensuite tout ce que vous voudrez, si la mouche de l'ambition vous pique au talon : maire de la ville, conseiller général ou député, au choix

— Mais, mon cher maître, j'ai fait de fortes études.

— Ça ne vous nuira pas, au contraire.

— Ayant *pioché*, j'avais rêvé la gloire et la fortune.

— Se peut-il que vous en soyez encore à ces rengaines, Ernest !

— Mon maître, je vous avoue que...

— Pauvre garçon ! L'amour de la gloire, de nos jours, conduit tout droit à Charenton ; qui est-ce qui ne sait pas ça ? L'amour de la fortune, ça mène très souvent à Nouméa ou à Cayenne.

— Mais il faut bien qu'il y ait des médecins à Paris ?

— Sans doute, et il n'en manque pas. Ce n'est pas se servir d'une hyperbole que de dire qu'il y en a plus que de malades. Je n'exagère pas non plus en vous disant que près de 5,000, je dis cinq mille, tirent cruellement le diable par la queue. S'il y en a mille qui vivent ou à peu près, c'est tout le bout du monde. Deux cents font de belles affaires, mais si vous saviez à quel prix !

— Pourquoi ne pas aspirer à être des deux cents ?

— Parce qu'il vous faudrait attendre le succès pendant vingt ans, et que vous auriez mille fois l'occasion de tomber en route.

— Mais, mon maître, si je commençais en allant m'établir dans un quartier de pauvres diables, sur la lisière du faubourg Saint-Antoine, par exemple ?

— Il serait plus aisé pour vous, Ernest, de recommencer, tout seul, la grande et terrible tournée de Livingstone dans l'Afrique centrale, encore inexplorée. Je ne veux pas dire de mal des pauvres de Paris, au contraire, mais songez donc qu'il faut être un héros ou un homme de bronze pour les servir.

Irez-vous donc à pied, par tous les temps, nuit et jour, de rues en rues, d'escaliers en escaliers, de galetas en galetas? Et c'est encore là ce qu'il y a de moins pénible dans cette tâche. Dix fois par jour, vous trouvant en face de maladies presque toujours invincibles, vous aurez aussi pour spectacle la misère dans ce qu'elle a de plus lamentable. Je sais que les grands cœurs ne reculent pas pour si peu. Mais que pouvez-vous ordonner à des damnés terrestres qui n'ont pas de quoi payer ni les toniques de la cuisine, ni les dictames de la pharmacie ? Quant à vous-même, comme, au demeurant, il vous faudra un salaire, vous recevrez pour émoluments quarante sous, trente sous, vingt sous, et encore pas toujours. Après dix ans de cette vie sublime, mais absorbante, vous serez un vieillard, et, qui plus est, un vieillard morose, sans avoir et sans réputation.

— Mais, cher maître, si je descends un peu plus, dans le cœur de Paris?

— Quartier du travail et du petit commerce, Saint-Martin, Saint-Denis ! Ce sera bien une autre histoire ! La clientèle est plus raffinée par là et mieux payante, mais elle veut qu'on la sollicite en lui jetant de la poudre aux yeux. Il est nécessaire d'avoir un loyer de trois ou quatre mille francs; le pourrez-vous? En dehors de cela, il y aura à faire le charlatan en exhibant au plafond du cabinet un crocodille empaillé ou même un squelette humain. Seconde servitude, vous aurez à faire la cour aux femmes des soixante-quinze pharmaciens de cette zone et à jouer, tous les hivers, la bête hombrée avec les maris. Cependant si, au bout de six ans, vous n'êtes pas richement marié ou décoré, on vous jettera là comme un paquet de linge sale pour aller à un nouveau venu.

— Eh bien, cher maître, si je prends du premier bond mon essor pour aller dans la Chaussée-d'Antin, au milieu des gants blancs et des artistes ?

— Entre nous, Ernest, vous n'êtes pas dégoûté ; mais il y a beau temps que toutes les places sont prises et que cent cinquante surnuméraires s'occupent à faire la queue en attendant le remplacement par suite de décès.

D'ailleurs, c'est bien le cas de le dire, tout ce qui reluit n'est pas or, et les médecins de ce brillant compartiment de la capitale ne sont pas des coqs-en-pâte, allez ! Pour réussir, du faubourg Montmartre à la Nouvelle-Athènes, ce qu'il faut, c'est moins le savoir que vous avez acquis qu'un air de désinvolture et d'élégant bohème que vous n'aurez jamais. A un docteur de cet arrondissement, on demande d'être un bon musicien, un tireur de fleuret de premier ordre, un danseur déterminé, capable de bien conduire le cotillon, un viveur très érudit sur la gamme des vins français et étrangers. Est-ce vous qui possé-

dez, non pas tout cela, mais une seule chose de tout
cela ? Et ce n'est encore rien. Un médecin de ces pa-
rages doit connaître et même tutoyer à peu près tous
les matadors de la presse, grande et petite. Les journalistes, mon cher enfant, la mode veut qu'on en
dise beaucoup de mal, mais, d'abord, ils valent cent
fois mieux que leur réputation, et, en second lieu, il
n'y a pas moyen de faire un petit bout de chemin sans
eux. Ce sont ces messieurs-là qui font la réputation,
partant la fortune de tout le monde. Les avoir, c'est
le diable à confesser. Je ne parle pas de sacrifices
d'argent. Ils ne demandent pas d'argent, mais que
de fantaisies ! que de piques d'amour-propre ! que
de visites pour eux et pour leurs aboutissants ! Au
surplus, eux aussi aiment volontiers les noms tout
faits et, suivant toute apparence, le vôtre sera longtemps obscur. Et puis quelle drôle de monnaie que
celle des artistes !

— Sujétion pour sujétion, pourquoi n'irais-je pas
dans le quartier des ambassadeurs et des colonies
étrangères ?

— Quartier de la Madeleine, faubourg Saint-Honoré, boulevard Malesherbes ? Y pensez-vous, mon
pauvre garçon? Premier point, le beau monde exo-
tique a une manie dominante. S'il aime la cuisine
française, il n'a de goût que pour la médecine inter-
nationale : Russes, Anglais, Scandinaves, Allemands,

Polonais, Américains, il y a, de ce côté-là, des Hippocrates de tous les coins du monde connu et ce ne sont pas les moins écoutés. Et puis, pour le coup, il faudrait, comme premier établissement, un déboursé de millionnaire. Mise de dandy, hôtel en vue, livrée, voiture, car vous sentez bien que, par un temps de pluie, de neige ou de soleil, vous ne pourriez pas faire vos visites à pied. Crotté, mouillé ou en sueur, la valetaille ne vous laisserait jamais pénétrer même dans l'antichambre. Indépendamment de ces conditions exorbitantes, il serait indispensable d'être sans cesse présenté, car, pour ce beau monde, les salamalecks vont avant le mérite et l'habileté. Autre chose très curieuse : les gens du peuple ne paient qu'en sous, les gens du commerce payent en rechignant, les artistes payent en aquarelles, en bronzes, en musique ou en réclame, mais les riches étrangers ne payent jamais qu'au bout d'un an ou de deux, et même ils trouvent que faire présenter une note est du dernier grossier. En fin de compte, je reviens à ce que je vous disais en commençant : partez au plus vite pour la Ferté-les-Fraises. Est-ce convenu ?

SCÈNE II.

ERNEST CHRISTOBAL. — Oui, mon cher maître. (*A part.*) Est-ce qu'il voudrait écarter un concurrent? Ah!

dame, ç'a s'est vu. — Oui, cher maître. (*A part.*) Et bien, non ! Quoi qu'en dise ce vieux *birbe*, il y a une belle place à prendre parmi les deux cents. Place aux jeunes ! Je veux rester à Paris, moi ! (*Exit.*)

BAPTISTE, *le valet du vieux docteur, en montrant Ernest.* — En voilà un qui me fait l'effet de vouloir manger dix mille beefteacks de vache enragée !

VIII

LES HUIT DERNIERS JOURS D'UNE SERVANTE

PERSONNAGES :

OCTAVE, gentilhomme de la Haute-Gomme.
LÉLIA, gommeuse.
GEORGETTE, servante de Lélia.

SCÈNE PREMIÈRE.

Rue Caumartin; petit appartement d'une gommeuse. — Dix heures du soir.

LÉLIA. — Ainsi, Octave, vous partez, vous vous éloignez de moi?

OCTAVE. — Pour très peu de jours, vous le savez. Le temps d'aller aux courses du Mans et d'en revenir. Adieu donc jusque-là, ma belle enfant.

LÉLIA. — Non, pas ce mot-là, pas d'adieu. Dites-moi au revoir.

OCTAVE. — Au revoir, si vous l'aimez mieux. (*Il l'embrasse, puis il fait quelques pas, après quoi il revient brusquement.*) A propos, chère belle, je vous renouvelle la recommandation de tantôt.

LÉLIA, *jouant l'étonnée*. — Quelle recommandation, Octave?

OCTAVE. — Celle de congédier cette fille, vous savez. Il suffit qu'elle ait vu le Saint-Chambrelan chez vous avant moi pour que je ne puisse pas la sentir. Obligez-moi donc de lui payer ses huit jours et de vous en défaire sans retard. (*Exit Octave.*)

(*Il s'écoule une minute.*)

SCÈNE II.

LÉLIA. — La payer et la congédier comme ça, il croit que c'est aisé à faire... Une fille qui me sert depuis un an et dix jours! Dieu sait ce qu'elle pourrait dire! Sans doute j'obéirai, puisqu'il le désire et que j'ai promis, mais j'y mettrai des mitaines. (*Elle sonne.*) Georgette!

LA SERVANTE. — Que demande madame?

LÉLIA. — Je ne suis pas contente de vous, Georgette.

LA SERVANTE. — La raison pourquoi, madame?

4

LÉLIA. — Il paraît qu'en dépit de mes remontran-
ces, vous n'avez pas été suffisamment polie envers
monsieur le vicomte.

LA SERVANTE. — Si on peut dire! j'y ai rien fait, je
vous jure, madame, au vicomte.

LÉLIA. — D'abord, vous avez mal répondu, ce matin, quand il a bien voulu vous adresser la parole.
Ensuite, vous avez rudoyé Tom.

LA SERVANTE. — Rudoyé, non! demande excuse.
Seulement j'y ai un peu marché sur la queue, sans
vouloir le faire exprès, à Tom.

LÉLIA. — Eh bien, c'est une grande faute; vous
n'ignorez pas que monsieur le vicomte aime vivement
ce King-Charles, et que, quand on le maltraite, c'est
comme si on le faisait souffrir lui-même.

LA SERVANTE. — C'est bon, madame, on n'y marchera plus sur rien du tout, ni à l'une ni à l'autre de
ces deux bêtes.

LÉLIA. — Que dites-vous? Une impertinence que je
ne puis pas tolérer.

LA SERVANTE. — Madame voit bien que c'est histoire de rire.

LÉLIA. — Mais je n'ai pas l'habitude de rire avec
vous, ni avec vos pareilles, moi. Je vous chasse.

LA SERVANTE. — Pour tout de bon, madame?

LÉLIA. — Mais sans doute, pour tout de bon.

LA SERVANTE. — C'est bien sérieux ?

LÉLIA. — C'est si sérieux qu'à dater d'aujourd'hui en huit, vous ne serez plus à mon service. Vous avez entendu ?

LA SERVANTE, *sèchement.* — Fort bien entendu, madame.

LÉLIA. — Ainsi, dès demain, mettez-vous en devoir de vous trouver une autre condition.

LA SERVANTE. — S'il ne s'agit que de trouver une baraque comme celle-ci, la chose ne sera pas bien difficile.

LÉLIA. — Dans ce cas-là, quittez votre tablier, montez faire votre paquet et sortez tout de suite

LA SERVANTE, *moitié pateline, moitié arrogante.* — Allons, il ne faut pas que madame se fâche ; ça empêche madame d'être belle. Tenez, voilà son cold-cream qui s'écaille. Ensuite, on ne gagne jamais rien à *ostiner* les braves gens qui servent les autres. Enfin, je resterai, tout de même, parce que la loi est pour moi. Dans tout Paris, on a droit à ses huit jours.

LÉLIA. — Vos huit jours, on va vous les payer, insolente.

LA SERVANTE. — Comme madame voudra. Mais, en honnête fille que je suis, je dois prévenir madame qu'elle ne gagnera pas au marché.

LÉLIA. — Qu'est-ce à dire, mademoiselle ?

LA SERVANTE. — Jetée comme ça sur le pavé, au moment où je m'y attends le moins, je chercherai naturellement à me mettre à l'abri n'importe **où,** dans la première maison venue.

LÉLIA. — Faites là-dessus comme vous l'entendrez.

LA SERVANTE. — C'est pour ça que j'irai, de préférence, sonner tour à tour chez les connaissances intimes de madame.

LÉLIA. — Chez mes connaissances! Ah! par exemple, je voudrais bien voir...

LA SERVANTE. — Madame aimerait-elle mieux me voir *ramasser* par la patrouille et conduire en fourrière au corps de garde ou chez le commissaire de police?

LÉLIA. — En vous prenant chez moi, je n'ai pas eu charge d'âme. Aussitôt sortie d'ici, vous vous arrangerez à votre guise.

LA SERVANTE. — C'est bien ce que je disais. Je vais donc d'abord me présenter, mes nippes sous le bras, chez madame de Grandloup.

LÉLIA. — Chez madame de Grandloup! La plus mortelle de mes amies! Je vous le défends bien, Georgette!

LA SERVANTE. — Si elle n'y est pas ou si elle me reçoit mal, je cours chez la petite Lamberty, celle qui...

LÉLIA, *effrayée, à demi-voix.* — Celle qui me contrarie dans tout ce que je fais? Non, non, mademoiselle. Je change d'avis, faites vos huit jours.

LA SERVANTE, *se radoucissant.* — Merci, madame.

(*A part.*) Huit jours, accompagnés de trois cents autres.

Le lendemain. — Dix heures du matin.

LÉLIA, *sonnant*. — Georgette!

LA SERVANTE. — La toilette de madame? Me voici. Que madame attende seulement une minute que j'aille retirer la bouilloire du feu.

LÉLIA, *seule*. — Au fait, il faut savoir reconnaître le bien comme le mal. Cette fille a une langue de vipère, d'accord; mais elle n'a pas sa pareille pour le service. Et puis je me suis peu à peu habituée à elle. En un an de temps elle a pu apprendre, à l'usée, ce qu'il fallait et ne fallait pas faire. Les petits secrets de l'hygiène et de l'alcôve sont devenus les siens. Pour en styler une autre sous ce rapport-là, ce serait la mer à boire. Oui, mais la promesse que j'ai faite à Octave!... Pas moyen de ne pas la tenir. Il faut donc de toute nécessité qu'elle parte, ses huit jours faits. (*Georgette rentre.*)

LA SERVANTE. — Voilà l'eau chaude, madame.

(Aussitôt l'œuvre de la toilette commence. — La toilette d'une jolie femme en 1879, c'est tout un poème. — Il y a l'invocation aux Muses ou au diable, l'exorde, les descriptions, les épisodes, les digressions, tout le tremblement des peignes, des limes, des pinceaux, des crayons, des huiles, des savons, du rouge, du noir, des mouches; en un mot un ma-

4.

quillage effréné. — Georgette, calme et souriante, se
tient à cette besogne comme un jeune et brave sous-
lieutenant à son poste, un jour de bataille. — Quand
on en est au chapitre de la tignasse, la camériste, en
artiste ferré sur les ressources de son art, démêle les
longs cheveux, les sépare, les nettoie, les humecte,
les brosse, les fait éclater et s'apprête à les séparer,
suivant le style du jour. Tout à coup, quoique en
ayant l'air de se retenir, elle pousse un petit cri vif,
strident, tout trempé d'effroi.)

LÉLIA, *vivement*. — Qu'est-ce donc ?

GEORGETTE. — En vérité, madame, je n'ose pas...

LÉLIA, *effrayée*. — Un cheveu blanc ! Voyons, ayez
le courage de me le dire !

GEORGETTE. — Eh bien, puisque madame l'exige,
eh bien, oui, je le lui dirai : c'en est un !

LÉLIA. — Rien qu'un ?

GEORGETTE. — Oui, sans doute, mais deux ou trois
de ses voisins m'ont tout l'air de vouloir suivre son
exemple. Mais que madame ne s'épouvante pas, un
peu de cette teinture de lavande des Alpes, et il n'y
paraîtra pas.

LÉLIA. — Il n'y paraîtra pas pendant huit jours,
Georgette.

GEORGETTE. — Eh bien, dans huit jours, nous re-
commencerons ; voilà tout.

LÉLIA. — C'est juste. Mais, au moins, dans huit

jours, n'oubliez pas... (*A part.*) Que je suis bête! Dans huit jours, elle n'y sera plus, puisque le vicomte ne peut plus la sentir. — Allons, nous arrangerons ça.

SCÈNE III.

La semaine s'écoule. — Retour d'Octave.

LÉLIA. — Mon cher vicomte, vous froncez le sourcil. Vous n'êtes pas content. Je vois ce que c'est : Georgette n'est pas partie?... Eh bien, il faut que je vous dise. Cette fille est moins déplaisante que vous ne le pensez. Elle s'est fort amendée, d'abord. En second lieu, elle a fait, moi présente, toute sorte d'excuses au King-Charles.

OCTAVE. — Si elle a fait tant d'excuses que ça à Tom, c'est différent. Qu'elle reste!

IX

NE BLAGUONS PAS LE NOTAIRE

PERSONNAGES

CARLE DE FROMAGEOL.
ANNIBAL DE PONT-MESLÉ.
LE NOTAIRE.

SCÈNE PREMIÈRE.

La scène se passe dans l'étude de Mᵉ Le Hardy, notaire, boulevard
Haussmann, 47.

Mᵉ LE HARDY. — Cher vicomte, écoutez-moi.

CARLE DE FROMAGEOL. — Parlez.

Mᵉ LE HARDY. — Vous avez de mauvaises fréquenta-
tions.

CARLE DE FROMAGEOL. — Ah! par exemple!

Mᵉ LE HARDY. — Des viveurs déplumés, des journa-

listes, des peintres, une Bohème brillante, mais une
Bohème.

CARLE DE FROMAGEOL. — Eh bien, en me parlant de
cela, cher maître, où voulez-vous en venir?

M⁰ LE HARDY. — A ceci : c'est que tout ce monde à
part ne passe son temps qu'à dire du mal du nota-
riat.

CARLE DE FROMAGEOL. — Il s'en moque un peu, tout
au plus.

M⁰ LE HARDY. — Il s'en moque trop. Ne blaguons pas
le notaire.

CARLE DE FROMAGEOL. — Pourquoi?

M⁰ LE HARDY. — C'est que, si on blague le notaire,
le notaire ne vous mariera pas ou bien il vous mariera mal.

CARLE DE FROMAGEOL. — Ah! c'est juste. Et je n'y
avais pas pensé. (*En remettant son pince-nez à ses yeux.*)
Or, justement, ne pouvant plus aller, j'étais venu,
cher maître, pour vous prier de me marier.

M⁰ LE HARDY. — Bien?

CARLE DE FROMAGEOL. — Bien, sans doute, c'est-à-
dire avec un bon sac.

M⁰ LE HARDY. — C'est la même chose.

CARLE DE FROMAGEOL. — Auriez-vous dans votre
clientèle une femme dans les prix de huit cent mille
francs?

M⁰ LE HARDY. — Mieux que cela : j'ai un million et

et demi, moitié en terres, moitié en hypothèques.

CARLE DE FROMAGEOL. — Bon! et où les terres?

Mᵉ LE HARDY. — En Normandie.

CARLE DE FROMAGEOL. — Fameux! Quel âge?

Mᵉ LE HARDY. — De vingt à vingt-quatre. Vous comprenez, on n'est pas pressé.

CARLE DE FROMAGEOL. — Et le physique ?

Mᵉ LE HARDY. — Très agréable, je vous assure, très agréable.

CARLE DE FROMAGEOL. — Allons, dites le mot : c'est un monstre.

Mᵉ LE HARDY. — Mais non, mais non. — On pèche un peu par le nez, une petite trompette ; voilà tout. D'ailleurs, qu'est-ce que cela vous fait? Une jolie femme ou une laideron, au bout de six mois de mariage, n'est-ce pas la même chose?

CARLE DE FROMAGEOL. — Ah! parbleu, oui! Eh bien, c'est une affaire faite, si vous garantissez que les hypothèques soient solides.

Mᵉ LE HARDY. — Premières en ordre, sur un immeuble de trois millions.

CARLE DE FROMAGEOL. — C'est parfait. Dites-moi, et la famille ?

Mᵉ LE HARDY. — Ce n'est pas le côté brillant de l'opération. Nous sommes fille unique d'un entrepreneur de bâtisses. Ce monde-là est un peu épais. Le beau-père est un peu important. Il vous racontera qu'il est arrivé à Paris en sabots et qu'il a gagné quatre millions à la sueur de son front. Cachez-lui que vous vous levez à onze heures. Il soutient que tout homme qui n'est pas levé à cinq heures du matin est un pleutre qui ne fera jamais rien. Quant à la belle-mère, pourvu que vous lui fassiez voir les mélodrames en vogue, elle vous pardonnera tout, même de battre sa fille.

CARLE DE FROMAGEOL. — Ah ça, ce couple doit être flanqué d'oncles, de tantes, de cousins?

M° LE HARDY. — Mon Dieu, oui ; vous verrez tutt ça le jour de la noce et le lendemain.

CARLE DE FROMAGEOL. — Pardieu, le lendemain, je les flanquerai à la porte ; ça n'est pas ce qui m'embarrasse.

M° LE HARDY. — Cependant, attention ! Il y a l'oncle Jalabert qui est à ménager. Soixante-treize ans, un asthme, sans enfants, et quarante mille francs de rentes. Il a servi, et vous racontera ses campagnes. Pourvu que vous admiriez avec lui le général Lamoricière, il vous tiendra quitte de tout le reste. Je ne vois pas non plus pourquoi vous ne feriez pas la cour à la tante Ursule, demoiselle de cinquante-neuf ans. Elle vous dira que tous les hommes sont des polissons. Laissez-la dire, cela la soulagera.

CARLE DE FROMAGEOL. — Très bien. J'aurai un jour pour cette ménagerie. Et comment comprenez-vous la présentation ?

Me LE HARDY. — Rien de plus simple : vous dînerez dimanche chez moi avec eux, et, à onze heures, vous serez fiancé.

CARLE DE FROMAGEOL. — Ah ça, êtes-vous bien sûr que je conviendrai ?

Me LE HARDY. — Parbleu ! si vous n'étiez pas venu, je serais allé vous chercher. On veut marier la demoiselle. On tient à une situation. Vous êtes auditeur au conseil d'État (dix-huit cents francs d'appointements). Il y a de quoi faire tourner la tête à toute la bourgeoisie française.

CARLE DE FROMAGEOL. — Vous savez que j'ai des dettes.

Me LE HARDY. — Je m'en doute bien. Le chiffre ?

CARLE DE FROMAGEOL. — Environ trois cent mille balles.

Me LE HARDY. — Bagatelle ! Il faut qu'ils payent en entrant comme à une porte d'octroi.

CARLE DE FROMAGEOL. — C'est entendu ; à dimanche.

Tout se passe ainsi que l'a prévu le notaire.

SCÈNE II.

Au pied du perron de Tortoni.

ANNIBAL DE PONT-MESLÉ. — Oui, très cher, tu vois en moi le plus raffalé des fumeurs de cigares.

CARLE DE FROMAGEOL. — Est-ce bien sérieux ?

ANNIBAL DE PONT-MESLÉ. — Décavé à pied, décavé à cheval, dégommé jusqu'à l'impossible. Il ne me reste plus qu'à me jeter à la Seine ou à me faire sous-préfet.

CARLE DE FROMAGEOL. — Fais ce que j'ai fait; marie-toi.

ANNIBAL DE PONT-MESLÉ. — J'y ai bien pensé, mais le moyen ?

CARLE DE FROMAGEOL. — Viens avec moi chez M⁰ Le Hardy, mon notaire.

ANNIBAL DE PONT-MESLÉ. — Un monsieur très compassé, toujours en habit noir, toujours en cravate blanche, avec le cœur empesé!

CARLE DE FROMAGEOL. — Il a dans ses cartons une fille de raffineur, premier calibre. Elle a une épaule un peu plus haute que l'autre, ce qui veut dire qu'elle est bossue. Ça te gêne-t-il ?

ANNIBAL DE PONT-MESLÉ. — Elle serait borgnesse par-dessus le marché que ça me botterait tout de même, si elle a le sac.

CARLE DE FROMAGEOL. — Elle l'a, je t'en réponds. Regarde l'affaire comme faite. Seulement une recommandation expresse.

ANNIBAL DE PONT-MESLÉ. — Quoi donc ?

CARLE DE FROMAGEOL. — Ne blaguons pas le notaire.

ANNIBAL DE PONT-MESLÉ, *avec effroi*. — Ne bla-guons pas le no-tai-re! Sur cent qu'on défère au jury, il y en a toujours quelques-uns d'acquittés.

X

LES MANGEUSES D'ARSENIC

Il y a une légende à ce sujet.

En ce temps-là, un jeune docteur en médecine était venu voir Casimir Broussais.

— Mon maître, dit le néophyte au professeur, je fais mon entrée dans le monde. Comment dois-je m'y prendre pour réussir ? Conseillez-moi, je vous en conjure. Que dois-je faire ?

— Mon fils, répondit le Nestor, cela dépend de ce que vous avez le désir de faire. Voulez-vous être utile aux hommes, ou bien voulez-vous n'être utile qu'à vous-même ?

— Je veux faire fortune le plus tôt possible, mon maître.

— Eh bien, rien n'est plus simple, mon fils. Laissez là l'étude et soyez de votre temps. En tout, la France n'aime que le neuf. Faites ou plutôt ayez l'air de faire du neuf. Il vous tombera une pluie d'or vite. Allez.

Il alla et fit de la médecine neuve. Entre autres choses, il s'est amusé un jour à imaginer, après les homœopathes, le globule à l'arsenic. C'était à l'usage spécial des femmes du monde. A dater de ce jour-là, les deux faubourgs aristocratiques et la Chaussée-d'Antin se le sont arraché. On se l'arrache encore. Ce qui fait que nous le rencontrons, à tout coin de rue, dans un très bel attelage traîné par deux alezans brûlés, avec un cocher poudré à blanc par devant et un nègre en livrée par derrière.

J'ajoute que la scène qui suit se reproduit sans cesse dans Paris.

— Docteur, guérissez-moi !

— Un peu de courage, madame. Ce n'est peut-être rien.

Ici il prend la main à la malade.

— Eh ! eh ! le pouls est capricant, madame.

— Dame. j'ai la fièvre.

— La langue est rouge, tomateuse, couleur de la tomate.

— Je ne le sais que trop, docteur.

— Les yeux sont battus.

— J'ai voulu lire le dernier roman de M. Émile Zola.

— Ah ! vous m'en direz tant ! En voilà assez pour gagner une péritonite.

Il a l'air de se recueillir cinq minutes ; — après quoi, d'un ton magistral :

— Il n'y a pas à hésiter, madame : il faut que je vous empoisonne.

— Que dites-vous là, docteur, m'empoisonner?

— Un peu de patience : c'est pour vous sauver.

Sur ce, il griffonne quelques mots le long d'un petit papier. Le paraphe mis, il ajoute en riant :

— A dater d'aujourd'hui, madame prendra de l'arsenic tous les matins régulièrement, avec son chocolat.

Dans le commencement, l'ordonnance a paru roide, comme disait Arnal, dans les *Idées de Mme Aubray*. A présent, nul ne s'étonne plus, c'est la mode.

Après les sucreries du jour de l'an, de l'arsenic. Après les bals du carnaval, de l'arsenic. Après une séance du Sénat, de l'arsenic. Après tout ce qu'il vous plaira qui agite un peu la frêle machine des femmes, de l'arsenic, de l'arsenic, de l'arsenic ! Il va arriver un temps où les élégantes ne se nourriront pas d'autre chose.

La mode fleurit surtout parmi les riches colonies d'étrangers. Notre docteur a commencé par arseniquer les Américains et les Russes.

J'ai dit la légende d'où cette mode bizarre tire, dit-on, son origine ; mais, en réalité, ce n'est qu'une dérivation de l'homœopathie, ainsi que je l'ai déjà noté plus haut.

Il y a cinquante ans, Hahnemann, l'inventeur

d'une théorie qui compte désormais en Europe deux millions de sectateurs, imaginait d'administrer un poison subtil, l'aconit, sous forme de globules à peu près imperceptibles. Vous vous rappelez les débuts de cette médecine d'outre-Rhin. Vous avez toujours présentes à l'esprit les plaisanteries, les épigrammes, les vaudevilles et les caricatures qui sont sorties de cette invention. Un peu plus tard, on a vu venir de la même Allemagne un médecin fantastique, le docteur Wieseché, lequel, très fin renard, faisait avaler des perles aux jolies femmes de Paris, moyennant quoi il se vantait de leur rendre la vue ou la santé.

Qu'est-ce que c'était que ce docteur Wiesecké ? Un ami d'Hoffmann, le conteur; un homme de génie, disaient les uns, un charlatan de premier calibre, disaient les autres. Mais la perle avalée en guise de pilule était pourtant d'une jolie force.

L'arsenic, non plus, ne manque pas d'une certaine désinvolture.

D'ailleurs, comment et pourquoi s'insurger contre le développement de l'arsenic, quand on sait que le mot *pharmacie* veut dire poison en grec ? (*Pharmakôn* c'est connu comme Barabbas dans la Passion.) En sorte que, sans farce aucune, quand vous dites : « Je vais chez le pharmacien, » c'est comme si vous disiez : « Je vais chez l'empoisonneur. »

Et ce qu'il y a de plus drôle, c'est que l'empoisonneur aide à vous guérir.

Tout ce qu'on voudra, mais il n'en est pas moins certain qu'à première vue, cette thèse doit paraître bizarre : — Manger de l'arsenic tous les matins, afin de se conserver la santé. Comme nous voilà loin de ce fameux procès de Marie Capelle, qu'on accusait d'avoir trop nourri l'infortuné Pouch-Laffarge, son mari, de cette substance ! Que dirait aujourd'hui M⁰ Charles Lachaud, avocat, qui repoussait si éloquemment alors la supposition de cette poudre blanche administrée par sa cliente ! Est-il bien sûr que le grand chimiste François-Vincent Raspail donnât encore la chair de poule aux magistrats du prétoire en disant :

— De l'arsenic, il y en a partout. Eh ! monsieur le président, je me fais fort d'en trouver dans le fauteuil sur lequel vous êtes assis.

Et encore, six ans plus tard, lorsque Marie Laffarge publiait ses *Mémoires*, écrits en prison, comme elle racontait que son premier prétendu était un jeune pharmacopole, Jules Janin, faisant dans les *Débats* l'analyse du livre, ramassait la balle au bond, et disait :

— Un jeune pharmacien a été son premier fiancé ! Eh bien, en voilà un qui a eu de la chance de ne pas se marier avec elle ! Elle lui aurait, pour sûr, fait manger son fonds.

Mais, à propos de mangeuses d'arsenic, vous ne savez pas tout.

Si l'on prend cette précaution, si l'on use de cette nourriture, ce n'est pas uniquement pour se bien porter, c'est, avant tout, pour se maintenir belle ou bien pour le devenir.

Un globule d'arsenic, absorbé tous les matins, a des propriétés mystérieuses, souvent constatées chez les dames du grand monde, et, par contre-coup, dans la Gomme. Demandez plutôt à madame de Z... Demandez encore aux diverses duchesses, marquises, comtesses, vicomtesses et baronnes dont on insère les noms dans les chroniques. Demandez aussi à telle actrice, à la blonde O.... qui était, il y a six mois, la proie de la pâle anémie.

Un milligramme d'arsenic, mangé tous les matins à la même heure, donne de l'embonpoint aux maigres et rend leur gracilité juvénile aux obèses. Une autre vertu c'est d'atténuer les figures trop roses. Au temps où nous sommes, temps encore imprégné de romantisme, il faut de toute nécessité qu'une figure belle soit blanche ou même pâle. Une femme haute en couleur n'est jamais aimée sérieusement. Or, l'usage de l'arsenic rend les femmes candides, du moins sur la peau du visage. Il donne à la peau une petite teinte d'ivoire qui provoque les amours byroniens, ingrédient dont le beau monde sera toujours très friand. Bien mieux, il fait paraître avec plus de relief les petites veines d'azur qui sont le plus souvent d'un très grand ragoût dans la toilette.

Il n'y a plus, dès lors, à s'étonner si l'arsenic devient de plus en plus à la mode. L'arsenic, c'est un sucre ; c'est un beurre !

— Mesdames, mangez-en donc, mais rien qu'un peu, et surtout n'essayez pas d'en faire manger aux autres.

XI

IL FAUT FAIRE DANSER LA FRANCE [1]

PERSONNAGES :

UN DÉPUTÉ DU CENTRE GAUCHE.
UN SÉNATEUR DE TOUS LES PARTIS.

La scène est à Versailles, dans la salle des Tombeaux.

LE DÉPUTÉ. — Savez-vous pourquoi le comte de Chambord n'aurait jamais pu faire un roi de France ?

LE SÉNATEUR. — Pour mille et une raisons.

1. Sous une forme légère, parfois un peu paradoxale, cette Saynète renferme une vérité historique et ethnologique dont on ne saurait contester l'exactitude. Jules César a dit dans les *Commentaires* que les Gaulois aimaient à danser. Mille monuments constatent le fait. Il ne faut pas oublier que Condé faisait le siège de Lérida en marchant à la tête de vingt-quatre violons. Tout l'ancien régime n'est qu'un quadrille. Quand les nobles émigrèrent et voulurent se chercher du pain à l'étranger avec leur travail, il y en eut plus de trois cents qui se firent maîtres de danse.

5.

LE DÉPUTÉ. — Non ! non ! Pour une seule !

LE SÉNATEUR. — Laquelle donc ?

LE DÉPUTÉ. — Mon Dieu, tout simplement parce que le prince est boiteux et qu'il ne peut danser. (*Il prend un petit temps d'arrêt et ajoute :*)

— Voyez-vous, en France, un roi doit être toujours prêt à ouvrir le bal. En ce pays, ce qu'il y a de plus populaire, c'est de se battre et de danser. Malheur à celui qui ne fait pas la guerre ou des entrechats ! Faut-il vous rappeler pourquoi Henri III a été assassiné à Saint-Cloud ? Un cuistre me répondrait que c'est parce que Jacques Clément le considérait comme un ennemi de la religion. Il peut y avoir de ça, mais il y avait aussi autre chose. *Primo*, il avait égorgé les Guise pour ne pas se battre ; *secundo*, il remplaçait les grands bals du Louvre par des processions où il se montrait lui-même costumé en pénitent gris. Ne pas se battre ! Ne pas danser !. Les Parisiens ne pouvaient le lui pardonner. C'est pourquoi ils firent contre lui la journée des Barricades ; c'est pour cela, en partie, qu'un petit moine trancha, le couteau à la main, le fil de ses jours. (Voir, à la Bibliothèque nationale, un livre du temps, intitulé : *Le Pistolet de la Foi*, page 123.)

LE SÉNATEUR. — Henri III, c'est un peu loin de nous ; revenons à Henri V.

LE DÉPUTÉ. — Soit ! revenons-y. Eh bien, parmi les

ancêtres du châtelain de Frohsdorf, il y en a deux auxquels on donne le titre de *grand :* Henri IV et Louis XIV. Pourquoi donc ? Parce qu'Henri IV se battait bien et dansait souvent, même avec l'abbesse de Montmartre ; parce que Louis XIV engageait de grandes guerres et qu'il l'emportait sur tous, à Versailles, dans le menuet. Tout ça, c'est irréfragable.

LE SÉNATEUR. — Bon ! Mais parlons des temps modernes.

LE DÉPUTÉ. — J'y arrive. Il faut pourtant bien que j'appuie ma thèse sur l'histoire. Après Louis XIV, la Régence. Cet interrègne a été l'entr'acte le plus paisible de la monarchie française, je n'ai pas besoin de vous l'apprendre. La raison ? Les *Mémoires de Saint-Simon* et les vers de Lagrange-Chancel vous la disent. On y dansait du soir au matin et du matin au soir. Même chose pour Louis XV, vous en conviendrez ; c'était le siècle de Vestris.

LE SÉNATEUR. — Je ne conteste rien, mais...

LE DÉPUTÉ. — Mais la royauté a été perdue une première fois par un Capet qui ne voulait ni la guerre ni la danse ; Louis XVI n'aimait que la serrurerie. Cette prédilection désolait la reine, le comte de Lamarck le constate dans ses Révélations sur Mirabeau. Bien mieux, pour ramener son royal époux aux goûts de la nation, Marie-Antoinette avait composé sur le clavecin un fort joli rigodon ; mais si vive que fût cette musique, elle ne put émoustiller le roi. C'est triste à dire, mais c'est avec ce rigodon qu'on a fait la *Carmagnole*, et c'est au bruit de la *Carmagnole* que la reine a été conduite à la guillotine.

LE SÉNATEUR. — Parlez donc de choses moins funèbres, s'il y a moyen.

LE DÉPUTÉ. —Volontiers. Sur l'instigation de Camille Desmoulins, le peuple de Paris démolit la Bastille. Quelle est la première chose qu'on voie sur les décombres? Un écriteau à la main, ainsi conçu : *Ici l'on danse.*

LE SÉNATEUR. — En effet, les vainqueurs ont **dansé** sur ces ruines.

LE DÉPUTÉ. — Sous la première République, quelle forme a le plus duré? La Pentarchie, le Directoire. C'est que, le lendemain du 9 thermidor, on avait débuté par le *Bal des victimes*. Ladite sauterie ayant eu plein succès, Barras avait dit : « Continuons. » Au Luxembourg, résidence des oligarques, on dansait à l'athénienne. Madame Tallien, Joséphine, madame Récamier et d'autres belles de jour, plus belles la nuit, dansaient demi-nues, aux applaudissements de la ville.

LE SÉNATEUR. — Eh! c'est connu ça, mordieu !

LE DÉPUTÉ. — Mais j'arrive au premier Empire. Napoléon était un trop grand politique pour ne pas comprendre la danse. C'est à dater de son règne que le corps de ballet eut toute l'importance d'un bataillon d'infanterie. Quand le guerroyeur n'était pas au camp, il était au bal qu'il ouvrait toujours. Il disait à la femme de Junot, gouverneur de Paris : « Madame, votre mari a quatre millions d'appointements ; vous prendrez là-dessus de quoi donner quatre grands bals chaque hiver. » (*Mémoires de madame la duchesse d'Abrantès*.) Il chargeait Louis David de dessiner les costumes d'un quadrille de l'Élysée, le *Quadrille des reines*, où figuraient Caroline, reine de Naples ; Éliza, reine d'Étrurie ; Hortense, reine de Hollande, et mademoiselle Clary (madame Joseph Bonaparte), reine des Espagnes. « Le commerce de Paris se nourrit surtout de bals, » disait-il aux femmes des maréchaux qui ne demandaient pas mieux que de le croire

LE SÉNATEUR. — Connu, archi-connu, mais...

LE DÉPUTÉ. — Mais quand les Bourbons rentrèrent, après Waterloo, ce fin renard de Talleyrand, tout pied-bôt qu'il fût, parla de faire danser. On lui rit au nez. Un vieux roi gourmand, littéraire, cacochyme, podagre, préférait le wisth et la tabatière. Ça commença dès lors à tourner mal. Béranger fit sa chanson, si bien illustrée par Raffet, qui nous fait voir Louis XI à Plessis-les-Tours, incommodé par le violon ; Paul-Louis Courier écrivit son mordant pamphlet : *Pétition pour les villageois qu'on veut empêcher de danser*. Vint Charles X. Les choses empirèrent, puisque le prince était dévot. Une certaine année, on supprima le carnaval. Voilà une faute ! Charles X ne devait bientôt plus avoir qu'un jour : le bal que le duc d'Orléans donnait à leur parent, le roi de Naples, auquel on disait par flatterie, pour rappeler l'Etna : *Sire, nous dansons sur un volcan.*

LE SÉNATEUR. — Oui, le vieux roi a valsé là pour la dernière fois ; mais...

LE DÉPUTÉ. — Mais Louis-Philippe lui-même a méconnu cet enseignement qu'il avait donné à un autre. A peine roi, il oublia la danse. La croyant aristocratique et républicaine, il la comprima. On dansait rarement au château. A dater même de la mort de l'aîné des fils, on n'y dansa plus du tout. Mauvaise note. La danse devait se venger. Elle fit alors de grandes réputations, presque séditieuses : Musard, Chicard, Brididi, côté des hommes ; la reine Pomaré, Céleste Mogador, Lola-Montès, Frisette, côté des femmes. Pour un philosophe, il n'y avait pas à s'étonner si la monarchie constitutionnelle et antichorégraphique s'écroulait aux cris de : *Vive la réforme !*

LE SÉNATEUR. — Permettez ! Il ne s'agissait que de réforme électorale...

LE DÉPUTÉ. — Il s'agissait de tout, la danse comprise. Ne vous rappelez-vous donc pas que, le 24 février, au soir, sur la place de l'Hôtel-de-Ville, le peuple chantait l'air fameux :

> Dansons la Carmagnole,
>   Vive le son !
>   Vive le son !
> Dansons la Carmagnole,
>   Vive le son
>   Du canon !

LE SÉNATEUR. — Pourtant la seconde République.....

LE DÉPUTÉ. — Heureuse la seconde République si, des cent mille prétendus travailleurs des ateliers nationaux elle eût su faire cent mille danseurs ! Mais l'art de jouer au bouchon sur l'échiquier du Champ-de-Mars l'a emporté, et tout a poussé bien vite aux journées de juin. C'était la ruine de la République elle-même. La preuve que ce que je dis là est de toute vérité, c'est que celui des hommes d'État du 24 février qui a été le plus à la mode, même après sa mort, aura été Armand Marrast, ancien rédacteur en chef du *National*, président de la Constituante. Qu'on interroge ses souvenirs, et l'on se rappellera les fameux quatre bals qu'il a donnés au Palais-Bourbon, au sortir de la guerre civile. Il y a même eu à ce sujet, chose notable, un mot d'éloge pour lui sur les lèvres des chefs de la réaction. Pendant la Législative, pendant qu'on appurait les comptes du Gouvernement provisoire, un zélé chicanait sur les frais de ces bals. Aussitôt on vit se lever M. de Vatimesnil, ancien ministre du roi Charles X : « — Messieurs, dit-il, votons avec ensemble l'argent qu'ont coûté ces bals. Ah ! ce n'était pas de l'argent perdu ! En faisant danser, M. Armand Marrast organisait l'ordre ; il refaisait l'harmonie. L'orchestre du palais, comme la lyre d'Orphée, adoucissait les tigres des clubs et charmait les lions de l'émeute (*sic*). »

LE SÉNATEUR. — Soit, mais quand le pays n'est pas troublé ?

LE DÉPUTÉ. — Quand le pays n'est pas troublé, c'est le cas de danser et de faire danser plus que jamais. Napoléon III l'avait compris, du moins à l'origine de son pouvoir. Vous rappelez-vous sa politique première ? En ce temps-là, au lieu d'un sceptre ou d'une déplorable épée, il avait l'air de porter à la main un archet. On dansait partout, au palais des Tuileries, au château de Compiègne, à l'Hôtel-de-Ville, dans tous les ministères, dans toutes les ambassades et chez les petites gens. Les bals, un certain mardi-gras, ont atteint le chiffre inouï de 1,400. Paris entier paraissait être piqué de la tarentule ou possédé par la danse de Saint-Guy. Bon ! mais l'Empire ne paraissait plus contesté. Il le fut, et vivement, et à bon droit, le jour où il changea de système. Quand on vit s'en aller les fameux bals parés et masqués, avec costumes à allusions, les Comètes, les Feux, les Nuits étoilées et les *tableaux vivants*, c'est que l'aigle ne battait déjà plus que d'une aile.

LE SÉNATEUR. — Allons, concluez.

LE DÉPUTÉ. — Mais c'est tout conclu. J'ai prouvé par une longue série d'arguments historiques que la politique qui convient à la France se résume dans ce mot : donner des bals. — Henri V l'a bien vu aussi. Sachant que ses aptitudes et ses goûts n'étaient pas là, il y a renoncé. Pour qui sait lire entre les lignes, il y a dans son Manifeste quelque chose qui signifie ou à peu près : « — Je ne serai pas votre roi, parce que je ne veux pas sauter. » Et le mot est celui d'un sage.

XII

L'ÉTOILE

PERSONNAGES :

ÉMÉRIC, journaliste.
LYDIA, étoile de théâtre.
UNE CAMÉRISTE.

SCÈNE PREMIÈRE.

Un petit hôtel aux environs du parc Monceau. — Dix heures
du matin. — Il pleut de la neige fondue.

ÉMÉRIC. — Y est-on pour un admirateur de notre
éclatante Lydia?

LA CAMÉRISTE. — Peut-être oui, peut-être non.
Voulez-vous vous donner la peine d'attendre quelques instants dans le petit salon bleu?

ÉMÉRIC. — Soit. Le temps de griller un cigare.
(Après avoir jeté sur la pièce où il vient d'entrer un coup

d'œil circulaire.) Toutes les merveilles des cinq parties du monde rassemblées là, c'est dans l'ordre. Il y a six semaines, cette petite cruche grelottait encore au fond d'une mansarde, rue des Jeûneurs. J'ai écrit dans mon papier qu'elle avait le gosier pavé de diamants ; l'Opéra m'a cru sur parole. On a essayé la petite, on l'a serinée. Elle a rejeté la charcuterie pour manger du blanc de poulet et pour boire du haut-brion. De maigre comme un cent de clous qu'elle était, elle est devenue dodue comme une caille, gaie comme un pinson, rose comme un ibis.

Elle est presque jolie. Le public, stylé par nos articles, a pris feu pour elle. Il l'applaudit ; il la bombarde de fleurs. C'en est assez : un Hongrois, un Russe, un Brésilien, tous trois plus princes et plus bêtes les uns que les autres, se sont disputés à qui aurait l'honneur de monter la maison du nouvel astre. Enfin, la voilà dans la zone des millionnaires, dormant sur l'aigledon, mangeant dans de la vaisselle plate, buvant dans le cristal ou dans l'onyx. Bref, elle est plus flattée que ne l'ont été Cléopâtre à Alexandrie et Zénobie à Palmyre. En passant par là, ce matin, l'idée m'est venue de voir si elle continue à être bonne fille. C'est la cinquième que je lance et que je suis parvenu à faire sacrer par le succès. Les quatre premières étaient de sottes pécores qui, à peine décrassées par le luxe, sont devenues plus impertinentes que des branches de houx. Voyons un peu ce que sera celle-là.

LA CAMÉRISTE. — Madame dit que monsieur peut entrer.

ÉMÉRIC. — Comment! dans la chambre à coucher?

LA CAMÉRISTE. — Mais sans doute, monsieur.

ÉMÉRIC. — Allons, voilà qui signifie qu'elle ne fait pas encore sa tête.

SCÈNE II.

Boudoir de la chanteuse. — Lydia est assise sur un divan en peignoir bleu tendre.

LYDIA. — Ah! voilà notre ami! Bonjour, Éméric! Salut au rédacteur en chef du *Scorpion philosophique et littéraire!* Que devenez-vous donc qu'on ne vous voit plus?

ÉMÉRIC. — Eh! vous savez, mon enfant, un journal à mener, c'est une grosse affaire. Le commandant d'un navire qui vogue sur les mers parsemées d'écueils n'a pas plus de casse-tête que moi.

LYDIA. — Je n'en suis que plus reconnaissante de vous voir me consacrer un temps précieux. Dix heures et demie vont sonner. Dans quelques minutes, ce sera l'heure de se mettre à table. Me faites-vous le plaisir de me demander à déjeuner?

ÉMÉRIC. — Non, ma belle. Je suis retenu, rue de

Rome, à vingt pas d'ici, par un atelier de peintres. Ce n'est pas la bonne chère qui m'y attire, vous le pensez bien. Ces brigands-là ne font leurs repas du matin qu'avec des côtelettes de porc aux cornichons ; mais que de bonne humeur ! En me rendant chez eux, j'ai tenu à vous faire une petite visite d'amitié.

LYDIA. — Soyez le bienvenu, mon cher Éméric. (*Court repos.*) Il est certain que je n'ai pas rencontré de dévouement plus chaleureux que le vôtre. Si je suis arrivée si rapidement, c'est en très grande partie à votre concours et à vos conseils que je le dois.

ÉMÉRIC. — L'expérience du journaliste sera toujours à votre service, ma belle enfant, mais aurez-vous à l'avenir les oreilles dociles que vous me prêtiez autrefois ?

LYDIA. — Sans aucun doute, cher ami.

ÉMÉRIC. — Je l'espère, mais j'en doute. Tenez, par exemple, puisque nous parlons de votre art, permettez-moi de vous dire que vous avez interprété votre rôle de samedi dernier absolument tout de travers.

LYDIA. — Hein ! que dites-vous là ?

ÉMÉRIC. — La vérité. Dans l'opéra nouveau, la *Bataille de Xérès*, vous jouez la fille du comte Julien, celle que les chroniques espagnoles ont surnommée la *Cava* par mépris, vu qu'elle a livré la Péninsule ibérique aux Maures. Eh bien, vous y êtes trop Parisienne du XIXᵉ siècle et pas assez comtesse du temps

des Goths, cherchant à séduire les kalifes arabes. Il
en résulte que vous ne chantez pas le grand air du milieu avec la bravoure ni avec la maëstria désirables.

LYDIA. — Ah! par exemple, monsieur le grondeur!

ÉMÉRIC. — Il n'y a pas de : « Ah! par exemple! »
Étant expert en ces choses, vous devez vous en rapporter à moi.

LYDIA. — Mais voyez donc là, monsieur, sur ce
guéridon, ce paquet de journaux! Ce sont les feuille-
tons de la semaine. Tous, sans exception, déclarent
qu'en exécutant cet air, je laissais tomber de mon la-
rynx des perles, des saphirs et des topazes. Tout à
côté, voyez donc quinze bouquets de lilas blanc et de
roses de Nice, d'un louis pièce, qui m'ont été jetés
par ces messieurs du Jockey-Club! Enfin, voyez donc
là, sur ce petit bureau en bois de rose, un bracelet
de corail et de lapis-lazuli mêlés ; c'est un présent de
la belle comtesse Schabrakinska, la connaisseuse
par excellence, cette protectrice des arts, qui n'a
pas dépensé moins de quinze villages et de sept
mille paysans pour encourager les cantatrices et
les ténors. Il s'y trouve une plaque d'or avec cette
légende : « Hommage à l'incomparable Lydia. —
Souvenir de la *Bataille de Xérès.* » En y joignant
trois rappels successifs réclamés par le public le
plus difficile du globe, vous comprendrez sans doute
que ces diverses manifestations contre-balancent

avec avantage l'opinion que vous venez d'émettre.

ÉMÉRIC. — Bon ! voilà que vous prenez des airs de
perruche irritée ! Eh ! pardieu, j'aurais dû m'y attendre, la vérité n'est de mise nulle part aujourd'hui ;
ses nudités offusquent les yeux. Avant tout, elle paraît horrible à voir dans le boudoir d'une actrice à
succès. Mais, chère enfant, ce n'est pas une raison
pour que je cesse de servir sa cause. Nous autres du
bataillon de la critique, on fait semblant de nous
adorer tant que nous avons des éloges à distribuer,
tant que notre temps, notre talent, notre encre et
toutes nos forces servent à la renommée et à la fortune d'autrui. Aussitôt que nous donnons un avertissement en pleine prospérité, on ne veut plus nous
voir ni nous entendre. — A la porte, les fâcheux !
Allez-vous-en, trouble-fête ! Mais, quant à moi, peu
m'importe. Dernièrement, à l'époque de la rue des
Jeûneurs, vous n'étiez que la petite Fanchon. Je vous
disais alors librement tout ce que je croyais devoir
vous apprendre dans l'intérêt de votre avenir. Vous
m'écoutiez avec un pieux respect. A présent que vous
êtes arrivée, ou que vous supposez l'être, vous ne
tolérez pas qu'on vous redresse. Je suis sûr que vous
voudriez me voir à tous les diables.

LYDIA. — Mais, mon cher...

ÉMÉRIC. — Prenez garde ! La Fortune aussi est une
Cava capricieuse ; il y a longtemps qu'on l'a dit. Elle

découronne encore plus vite qu'elle ne couronne. Le plus sage est de la contre-carrer par la patience et par le travail. Que d'idoles d'une heure sont tombées sous mes yeux pour n'avoir pas voulu écouter un simple avertissement donné à l'heure du triomphe !

En ce moment, on entend dans la cour de l'hôtel une voix chevrotante et grelottante, cherchant, malgré la pluie, à s'accompagner sur la guitare.

ÉMÉRIC. — Tiens! et justement cette voix! Ne serait-ce pas ?... (*Il court à la fenêtre.*) Eh bien, non, je ne m'étais pas trompé : c'est bien la voix de la pauvre Argentine, une étoile d'il y a dix ans, qui, de chute en chute, de dégringolade en dégringolade, est tombée du haut des théâtres lyriques pour n'être plus qu'une chanteuse des rues, tendant la main à l'aumône du passant.

LYDIA. — Osez-vous bien comparer... ?

ÉMÉRIC. — J'oserai bien mieux, ma belle enfant. (*Il ouvre la fenêtre, puis, s'emparant des journaux, des bouquets et du bracelet de corail de la comtesse Schabrakinska, il jette le tout dans la cour.*) Tenez, pauvre femme, tenez, faites un peu d'argent avec tout cela. (*La fenêtre refermée, il salue en se retirant.*) Adieu, la belle; voilà la morale de ma visite.

LYDIA. — Adieu, tête folle! (*A la cameriste.*) Toutes les fois que M. Éméric se présentera, Bérénice, vous direz que je n'y suis pas.

XIII

LE COMPATRIOTE

PERSONNAGES :

TIMON BRIOL, misanthrope.
CASIMIR BLANDIN, optimiste.

La scène est en pleine rue, dans Paris.

CASIMIR BLANDIN. — Juste ciel! quelle mine de dogue
vous avez!

TIMON BRIOL. — Ne m'en parlez pas.

CASIMIR BLANDIN. — Que vous arrive-t-il donc?

TIMON BRIOL. — Rien de bon. J'ai été encore forcé
d'en recevoir deux, ce matin.

CASIMIR BLANDIN. — Deux quoi?

TIMON BRIOL. — Deux compatriotes, pardieu!

CASIMIR BLANDIN. — Plaignez-vous donc! Deux amis,
sans aucun doute.

TIMON BRIOL. — Oui, à ce qu'ils disent. Ah! ils com-

6

mencent toujours par cette antienne, deux amis dévoués qui ne demandent qu'à devenir deux protégés reconnaissants, chacun à tour de rôle, croyez ça et buvez plutôt une bouteille d'encre au vitriol le plus pur !

CASIMIR BLANDIN. — Ah ! cher ami !

TIMON BRIOL. — Je vous le répète, ils sont tous les mêmes et c'est toujours la même chanson. Sans nulle hyperbole, j'aimerais mieux rencontrer un loup dans les neiges, un tigre dans les jungles, un serpent à sonnettes dans les fleurs, un requin dans l'eau, un vautour dans les airs, une femme épistolaire et un chien enragé en toute saison.

CASIMIR BLANDIN. — Vous prenez plaisir à assombrir le tableau. Il y en a de fort gentils.

TIMON BRIOL. — Si cela est, je l'ignore absolument. Un matin, vers neuf heures, c'est-à-dire au moment où Paris s'éveille à peine, un homme est seul dans son cabinet, occupé à se faire la barbe ou bien à écrire des lettres qui pressent. Tout à coup la sonnette s'agite dans un carillon d'enfer. A ce bruit on peut, malgré soi, faire dévier la lame du rasoir anglais, se faire une entaille à la joue ou, si l'on écrit, jeter un pâté sur la page commencée. Paraît un valet, sorte de Jocrisse, tout essoufflé. — Dominique, dites-vous, si c'est pour moi, vous savez d'avance que je n'y suis pour âme qui vive. — Eh! monsieur, ce

n'est pas une âme, mais un jeune homme à gros
souliers ferrés, un campagnard. — N'importe, ren-
voyez-le ; je n'y suis pas. — Monsieur, c'est ce qu'on
lui dit deux fois par jour depuis une quinzaine, mais
le moyen de le lui dire toujours ? Le matin quand il
se présente, on lui crie à travers la porte entre-baîl-
lée : « — Monsieur est sorti. — Allons, je reviendrai
à deux heures. » — A deux heures, on lui dit :
« — Monsieur n'est pas rentré. — Allons, je repas-
serai demain. » — Il est infatigable et éternel, monsieur, et puis, tout en descendant les escaliers, il dit
que rien ne l'empêchera de voir monsieur, ni la
pluie, ni le soleil, ni la neige, ni le tonnerre, ni le
temps, ni rien, puisqu'il est un compatriote. — Un
compatriote !

CASIMIR BLANDIN. — Le beau malheur ! On lui donne
dix minutes et on le congédie.

TIMON BRIOL. — Pour moi, je laisse tomber d'effroi
ma plume et mon rasoir. — Un compatriote ! Quand
le Pharaon des légendes bibliques, qui trônait alors
à Memphis, vit grêler autour de lui les sept plaies
d'Égypte, il devait éprouver un sentiment de moindre épouvante qu'un néo-Parisien lorsqu'il entend
parler de l'approche d'un compatriote, tout frais
arrivant de province. L'engeance est tenace jusqu'au
génie, jusqu'à l'héroïsme, jusqu'à vous rendre fou.
Tout bien considéré, vous avez raison, ce qu'il y a

de mieux. c'est de s'en débarrasser le plus tôt possible, en le recevant. — Eh bien, Dominique, faites entrer.

CASIMIR BLANDIN. — Bast! la pilule amère est bien vite avalée.

TIMON BRIOL. — Pas si vite que ça, mon cher. Il s'avance alors un petit museau tout à la fois grossier et subtil, un peu faraud, un peu mal mis, souriant et ayant l'air de pleurer, répandant autour de vous le plus qu'il peut le parfum du terroir et les allures de votre département. Quelquefois il vous salue jusqu'à terre, quelquefois il vous frappe sur le ventre, car il vient à vous avec un paquet d'épîtres des pays et des payses. Ce fagot épistolaire, tout rempli de ronces et d'épines, n'est encore que la première station du chemin de la croix que le compatriote vous fait parcourir. Il y en aura encore d'autres, allez! Par exemple, dans les préliminaires de la conversation, le nouveau venu ne parlera que pour vous juguler. Écrivain, si vous avez fait un livre, péché de jeunesse, que vous voudriez faire oublier, il vous le rappellera ; peintre, vous avez un tableau caché, il en déchirera le voile ; homme politique, il passera en revue les cocardes que vous avez portées. S'il n'y a rien de tout cela à dire, il entrera à pieds joints dans les mystères de votre vie intime et s'arrêtera à chacun des membres de la famille. Interrogez la pendule, montrez que

vous êtes pressé, répétez que le temps est précieux,
puisque c'est, au dire de Benjamin Franklin, l'étoffe
dont la vie est faite, il ne vous comprendra pas, il ne
s'en ira point et causera toujours et du pays et de vos
affaires.

CASIMIR BLANDIN. — Ça, ça fait toujours plaisir.

TIMON BRIOL. — Peut-être, si ça ne durait qu'un
instant. Mais l'animal paraît avoir un téléphone dans
le gosier. Il vous raconte tout votre endroit par le
menu. Le député qu'on vient de faire et qu'on regrette tant d'avoir fait, la jeune fille de famille qui
s'est laissé enlever par son professeur de piano et
pourquoi le matamore de la grande rue a trois dents
de moins que l'an passé. Pour lui fermer la bouche,
vous l'invitez à déjeuner. Mauvais moyen. C'est encore
une station. A table, si vous avez des oreilles de convives à ménager, il recommencera le concert déjà
entamé le matin et assourdira tout le monde en parlant des notabilités de la sous-préfecture natale. Je
suis de ceux qui pensent qu'il faudra sous peu inventer une muselière à son usage.

Si le compatriote vient vous voir, ce n'est pas seulement pour vous faire perdre votre temps, manquer
vos rendez-vous, envelopper d'ennui votre maison et
vous faire prendre en grippe le sol fatal sur lequel
vous êtes né : non, il a mieux que tout cela à faire,
il vous constitue son protecteur ; il vient vous deman-

6.

der une position dans un temps où il n'y en a plus, une place à une époque où elles sont toutes prises; il vous condamne à des courses en voiture, à des visites humiliantes chez des personnages, à la dépense de votre crédit. Est-ce qu'on peut faire moins pour un être qui a poussé à l'endroit même où tout enfant on a joué à colin-maillard ? Tout à l'heure le compatriote vous a accablé; eh bien, il faut qu'à votre tour vous en accabliez les autres.

CASIMIR BLANDIN. — Est-ce qu'il n'est pas doux de faire le bien ?

TIMON BRIOL. — Laissez-moi donc en repos, vous. Vous ne le connaissez pas, allez !

Comment énumérer les exigences d'un tel butor ? En vous mettant en campagne il ne manque pas d'imiter le renard de la fable flattant le corbeau et vous chante que vous êtes fort important dans votre endroit. — Est-ce qu'il ne vous viendra pas un jour ou l'autre la légitime pensée de vous mettre sur les rangs pour la députation? Dans ce cas-là, il vous aidera, lui et les siens, comptez-y. En attendant, servez-le. C'est un prêté pour un rendu. Si vous n'avez pas d'ambition politique, vous désirez pour le moins finir aux lieux où vous êtes né. Frédéric Bérat a fait la fameuse scie lyrique de *Ma Normandie* pour expliquer la tendresse que chacun de nous cache en son cœur en ce qui touche le sol natal. Avec quel art le com-

patriote escompte le besoin qu'on a d'aimer son berceau ! Et d'ailleurs vous avez commencé, vous l'avez
reçu, vous l'avez accompagné, vous êtes déjà comme
un peu lui-même. Un dernier effort, une dernière
journée et vous en serez délivré, à ce que vous croyez
du moins.

CASIMIR BLANDIN. — Quand je vous disais qu'il y a du
bon dans tout.

TIMON BRIOL. — Ce n'est pas ma manière de voir.
Pour faire une situation au compatriote, que vous
ne connaissez ni d'Ève ni d'Adam, pour le jucher sur
un bâton de l'échelle sociale, vous userez en cinq minutes ce que trente années de relations sociales vous
auront rapporté d'influence. J'omets les petits men-
songes que vous serez obligé de faire afin de consta-
ter son mérite et d'établir ses droits. D'un âne bâté
vous aurez à faire un phénix, et le compatriote ne
trouvera jamais que vous en disiez trop. Si vous avez
un fils à pourvoir, un gendre à caser, tant pis pour
vous, le compatriote aura dévoré à lui seul toutes les
parts.

CASIMIR BLANDIN. — Un autre rend, sans s'en douter,
ce qu'on a donné à un autre.

TIMON BRIOL. — Oui, comptez là-dessus, je vous le
conseille. Mais il y a bien d'autres éventualités. Une
fois placé, vous pensez qu'il va du moins vous laisser
en repos et vous commencez à respirer. Patience,

vous allez bientôt vous remettre à soupirer. Le compatriote est au-dessous de sa tâche ; relevez-le. Il est compromis, renvoyé, rétablissez-le. Un compatriote vous écrit s'il est en prison ou s'il se marie. Dans l'un et dans l'autre cas on doit lui servir de témoin. Même chose pour un duel ou pour un enfant qui vient de naître. N'espérez pas de recouvrer votre indépendance. Je ne sais que son enterrement qui puisse vous libérer, et encore !

CASIMIR BLANDIN. — Tout ce qu'il vous plaira ; moi, je suis pour le vers du patriarche de Ferney, dans *Tancrède :*

A tous les cœurs bien nés que la patrie est chère!

TIMON BRIOL. — Pas moi. Au contraire, je rebâtirais volontiers la Bastille à moi tout seul pour y insérer cet alexandrin-là. Lauzun, fortement embêté par les gens de sa famille, regrettait de ne pas être bâtard. A vrai dire, à Paris, pour être hors des atteintes du compatriote, on n'a qu'à répéter ce que disait Bias, un des sept sages de la Grèce : « Pour moi, je n'ai pas de patrie, je suis citoyen du monde. »

XIV

L'AMÉRICAINE ET LE BOULEVARDIER

PERSONNAGES :

HÉLION DE CHAMPLAURIER, fumeur de cigares.
LYDIA BROMPTON, Yankee aux yeux bleu-de-mer.
UN CLUBMAN.

PROLOGUE.

Au commencement de l'hiver dernier, une riche héritière américaine arrivait à Paris avec l'intention de s'y marier. Elle voulait absolument épouser un Parisien. — La semaine dernière elle est repartie pour les États-Unis sans être mariée.

Il ne manque pourtant pas d'amateurs de belles dots à Paris, et les trois cent mille dollars (quinze cent mille francs) de l'héritière américaine devaient tenter plus d'un célibataire.

Aussi la demoiselle n'a-t-elle pas manqué de pré-
tendants, — mais malheureusement elle a fait un
choix qui lui a mal réussi.

Elle avait choisi un jeune homme du monde aristocratique et du monde élégant, M. le vicomte Hélion
de Champlaurier et si elle ne l'a pas épousé, il n'y a
pas eu de sa faute, comme on le verra d'après l'entretien suivant que le vicomte a répété à ses amis,
l'autre soir, au club.

Voici ce dialogue, que nous transcrivons pour
l'histoire des mœurs et des caractères franco-améri-
cains de notre temps.

SCÈNE PREMIÈRE.

La scène se passe chez l'Américaine.

LE VICOMTE. — Puisqu'il s'agit de mariage, mademoiselle, la loyauté exige qu'avant d'en venir à un
engagement, je vous donne quelques explications
personnelles. Et d'abord, je vous dirai que ma fortune,
dissipée en toutes sortes de prodigalités, est réduite
à de très minces débris.

LYDIA. — Je le sais, monsieur.

LE VICOMTE. — Peut-être même que, si je liquidais
ma position, ne me resterait-il rien du tout. J'ai, il est
vrai, un héritage en perspective, mais le parent qui

doit me le laisser est jeune encore, et il me fera probablement attendre une vingtaine d'années.

LYDIA. — Qu'importe l'état de votre fortune ? je
suis riche, cela suffit.

LE VICOMTE. — Je vous avouerai qu'en ce moment
le mariage a peu d'attraits pour moi. Il contrarie tous
mes plans. Mon projet était de ne me marier qu'à
trente-cinq ans, et j'en ai trente à peine.

LYDIA. — C'est le bon âge, et je suis convaincue
qu'une fois marié vous reconnaîtrez qu'il n'est jamais
trop tôt pour être heureux.

LE VICOMTE. — Mais il est une chose à laquelle vous
n'avez peut-être pas songé : c'est qu'en voyant ce
mariage entre vous qui êtes riche et moi qui suis
ruiné, on dira que vous avez été épousée pour votre
dot.

LYDIA. — Est-ce que vous vous souciez beaucoup
des sots propos du monde ?

LE VICOMTE. — Moi ? pas du tout ! Ce que j'en dis,
c'est pour vous seule.

LYDIA. — Eh bien, que cela ne vous mette pas en
peine. Peu m'importent les suppositions malveillan-
tes et les impertinents commentaires de l'opinion
qui, par méchanceté, juge toujours de travers et à
faux.

LE VICOMTE. — Permettez ! elle ne se trompera peut-
être pas tout à fait.

LYDIA. — Comment ?

LE VICOMTE. — J'ai promis de m'expliquer loyalement, et ma sincérité m'oblige de vous dire qu'en éprouvant pour vous une réelle affection et en vous trouvant charmante, je compte votre dot au nombre de vos agréments.

LYDIA. — C'est tout simple. Je ne suis pas assez ridiculement sentimentale pour ne pas comprendre la valeur des intérêts matériels. Vous êtes habitué au luxe, et vous y tenez : je vous approuve.

LE VICOMTE. — J'ajouterai donc, ce qui est malheureusement vrai, que malgré toutes vos qualités et tous vos charmes, si vous n'étiez pas riche comme vous l'êtes, je ne vous épouserais pas.

LYDIA. — Votre franchise me plaît, je l'estime et je comprends parfaitement vos principes. Ce sont ceux qu'inspirent les exigences de la société. Je remercie le sort qui m'a bien dotée, et je ne me formalise pas d'être épousée pour ma fortune, bien sûre d'être aimée pour moi-même.

LE VICOMTE. — Eh bien, vous êtes une personne d'esprit et de sens, et je crois fermement que le mariage avec vous sera une bonne chose. Je reviendrai vous voir demain, et nous prendrons nos arrangements définitifs.

SCÈNE II.

Au lieu du lendemain, ce fut seulement cinq ou six jours après cette conversation que le vicomte reparut chez l'Américaine. Il était vêtu de deuil.

HÉLION. — Le parent dont je vous parlais, est mort. Voilà notre mariage retardé.

LYDIA. — Pour quelques semaines tout au plus?

HÉLION. — Plus que cela.

LYDIA. — Comment? Il ne s'agit que d'un cousin, je crois.

HÉLION. — Oui, mais je suis son héritier.

LYDIA. — Et, dans ce cas, le deuil est plus long, n'est-ce pas, et les bienséances sont plus exigeantes? Vous vous résignerez donc à retarder le mariage de plusieurs mois?

HÉLION. — Mieux que cela encore !

LYDIA. — Que voulez-vous dire, et de combien sera ce retard?

HÉLION. — De cinq ans, si vous le voulez bien. Étant héritier, je redeviens riche et je rentre dans mon programme. Je ne me marie plus qu'à trente-cinq ans sonnés. Le défunt m'a laissé cent mille écus, c'est juste ce qu'il me faut pour aller jusque-là,

SCÈNE III.

Au club des Radis-Roses.

TOUS LES CLUBMEN. — Comment, Hélion, vous avez eu la barbarie de laisser partir cette merveille?

LE VICOMTE. — Elle était hier au Havre; aujourd'hui elle est en pleine mer, en route pour New-York.

LES CLUBMEN. — Cœur de rocher, va!

LE VICOMTE. — Que voulez-vous? C'est dommage, et je regrette cette femme-là! Elle me convenait parfaitement : je ne trouverai jamais aussi bien. Mais vous comprenez, chers amis, quand on a des principes arrêtés, quand on a fait un programme à sa vie, il est bien difficile d'y renoncer. Je tenais essentiellement à ne me marier qu'à trente-cinq ans. Peut-être la demoiselle m'attendra-t-elle.

UN CLUBMAN, *à part*. — Moi, je pars demain pour l'Amérique avec l'espérance de l'*arquepincer*.

MORALITÉ. — Inutile : miss Lydia ne croit plus aux Français.

XV

UN JEUNE PREMIER

Par une belle matinée, un jeune premier de l'un de nos théâtres de genre, acteur à gros appointements, toujours bien pincé, bien frisé, mince et fluet, don Juan manqué de coulisses, se donnant des airs d'Antony à la ville, se posant en héros byronien, se promenait au soleil sur le boulevard Montmartre.

Il aperçut à travers les vitres du café des Variétés un feuilletoniste qui déjeunait. Il entre, adresse au critique un gracieux sourire et s'assied à côté de lui.

Le feuilletoniste continue à savourer son bifteck. Le jeune premier demande au garçon une demi-tasse, et la conversation s'engage.

LE JOURNALISTE. — Eh bien, à quand votre pièce nouvelle? Avez-vous un bon rôle?

LE JEUNE PREMIER. — Cela va samedi. Mon rôle n'est

pas mauvais, mais depuis que je suis *là* je n'ai pas de bonheur.

LE JOURNALISTE. — Cela doit pourtant vous aller mieux que les théâtres de drame?

LE JEUNE PREMIER, *baissant la voix confidentiellement.* — Oui, n'est-ce pas? Comme Jules Janin me le disait hier : « Que ne débutez-vous aux Français? Entrez-y comme pensionnaire; vous leur irez ; ils ne peuvent se passer de vous. »

LE JOURNALISTE, *au garçon de café.* — Garçon, une demi-tasse ! (*A l'acteur.*) Ah! Janin vous a dit ça. Eh bien, il faut essayer.

LE JEUNE PREMIER, *avec effusion.* — Oh! mon ami, le comité m'a déjà fait des propositions.

LE JOURNALISTE. — Quelles propositions?

LE JEUNE PREMIER. — Oh! très bonnes. Cela s'arrangera. Mais il ne faut pas avoir l'air trop pressé.

LE JOURNALISTE. — Mais il n'y a pas de temps à perdre. On vous ouvre la porte : entrez. Il pourrait en venir un autre, et alors... Et Bressant?

LE JEUNE PREMIER. — Bressant? Très bien pour moi. Quel artiste sympathique, ce Bressant!

LE JOURNALISTE. — Mais votre engagement n'est pas fini. On doit tenir à vous?

LE JEUNE PREMIER. — Un engagement, ça se rompt. M. *** est un garçon facile.

LE JOURNALISTE. — C'est donc un directeur modèle!

Ils sont bien fins, les directeurs. Quand les acteurs auxquels ils ne tiennent pas veulent s'en aller, ils s'y opposent. Vous pensez bien que vous, ce sera bien une autre affaire.

LE JEUNE PREMIER. — Ah! je sais comment m'y prendre, allez!

LE JOURNALISTE. — Mais êtes-vous prêt? Le Théâtre-Français, cela demande des études. Connaissez-vous le répertoire?

LE JEUNE PREMIER. — Parfaitement, je suis en mesure. M. Bressant... me... guidera...

LE JOURNALISTE. — Ainsi vous débutez sous peu?

LE JEUNE PREMIER. — Je crois, oui, c'est possible... Que me conseillez-vous?

LE JOURNALISTE. — Parlez à Bressant. Il donne de bons avis.

LE JEUNE PREMIER. — Je dois le voir aujourd'hui ou demain. Dans quel rôle dois-je débuter?

LE JOURNALISTE. — Vous êtes le meilleur juge. Hâtez-vous, voyez; mais, dans vos trois débuts, il est un rôle que je vous conseille, qui vous irait, je crois, et qui est abandonné depuis longtemps, celui du poète de *la Métromanie*. Il est admirable!

LE JEUNE PREMIER. — Ah! il est donc beau? Je ne le connais pas!

LE JOURNALISTE, *avec étonnement*. — Vous ne connaissez pas *la Métromanie?*

LE JEUNE PREMIER. — Non, est-ce une comédie de M. Scribe ou de M. Émile Augier? (*Historique.*)

LE JOURNALISTE, *stupéfait.* — Non, mais de M. Piron.

LE JEUNE PREMIER. — Je n'en ai jamais entendu parler. (*Textuel.*) Est-ce qu'il n'a fait que ça?

LE JOURNALISTE. — Il a fait bien autre chose, ma foi! Connaissez-vous M. Francaleu?

LE JEUNE PREMIER, *hésitant.* — Non; est-ce un de vos amis? (*Textuel.*)

LE JOURNALISTE. — Écoutez, mon cher. Allez chez le premier libraire venu, *la Métromanie* est imprimée; achetez-la bien vite, je ne vous dis que ça.

LE JEUNE PREMIER. — Mais enfin... vous... dites?

LE JOURNALISTE. — Allez chez un libraire quelconque.

LE JEUNE PREMIER, *tirant une montre magnifique.* — Voici l'heure de la répétition.

LE JOURNALISTE. — Vous payerez l'amende, mais allez chez le libraire, c'est plus pressé.

Et voilà où ils en sont presque tous, à cette heure, les comédiens.

XVI

LES DEUX PANTOUFLES

PERSONNAGES :

RODOLPHE, compositeur de musique.
ÈVA, chanteuse de romances.

La scène se passe dans un nid d'amour, aux environs de Paris.

Ils s'aimaient depuis un an et demi, mais comme on s'aime quand on est jeune. Un rien les rendait heureux, un rien les troublait. Èva, blanche, blonde, frêle, capricieuse, ainsi que l'a été son arrière-aïeule, la grand'mère du genre humain; Rodolphe, brun, nerveux, emporté, jaloux de son ombre, musicien par-dessus le marché. N'étant ni pauvres, ni riches, ils vivaient de romances tendres, vendues aux éditeurs et cédées par les éditeurs aux cafés-concerts.

Un jour qu'une sonate à succès, semblable à

l'*Amant d'Amanda*, avait rapporté quelque chose comme un rouleau d'or, ils s'étaient fait un assez joli petit nid sur la lisière du bois de Boulogne, du côté de Saint-James.

Il ne fallut pas moins qu'un épais rideau de pins et de mélèzes pour cacher aux profanes l'expression de leur bonheur, le tout suivant le conseil du sage : « Cache ta vie. » Très beau précepte, mais qui pèche par la base. En effet, n'ayant jamais qu'eux-mêmes en tête-à-tête, ils avaient fini, à cause de cette satiété dont parle Catulle, par trébucher dans des querelles fréquentes, iliades qui naissaient d'une chose sans importance, mais à la suite desquelles l'un et l'autre étaient presque toujours disposés à verser des larmes. — Ah! ces larmes de la vingtième année! un mot les faisait couler, un baiser les effaçait, et la querelle était dès lors considérée comme non avenue.

A la longue pourtant, cette ardeur de polémique avait abouti au cruel expédient de la séparation de corps. Combien de fois Rodolphe et Èva s'étaient-ils déjà séparés ? Mauvais comptables, pour sûr, ils eussent été incapables de faire ce total, mais ils s'é-taient chaque fois juré, par les serments les plus ter-ribles, de ne plus se revoir. — Ne plus se revoir quand on s'est aimé, est-ce possible ?

Peut-être savez-vous l'histoire de cet humoriste, qui, fatigué de la vie de Paris, remâchant les phrases de Jean-Jacques Rousseau, répétait tous les matins, pendant six mois, la même rengaine :

— Eh bien ! c'est fini, ville de boue et de fumée, je te quitte dès demain ! Je pars pour l'Amérique !

Le lendemain, il avait fait sa valise, mis de l'or dans ses poches, coiffé sa casquette de voyage, dit adieu à ses amis, sifflé son chien. Il ne lui restait plus qu'à se jeter dans le premier cabriolet venu, et de là dans un wagon, et de là sur un paquebot. Cependant, au moment où il ouvrait la fenêtre pour voir quel temps il faisait, cet homme, si résolu, avait signalé un grain, une sorte de nuage noir qui menaçait de crever dans son arrondissement. De grosses gouttes de pluie commençaient même à fouetter les vitres.

— Eh bien ! non, dit-il en remisant son attirail de touriste, attendons que cet orage soit passé. Je ne partirai pas aujourd'hui encore.

Et il ne partit pas du tout.

Des générations nouvelles on a dit qu'elles étaient sceptiques et voluptueuses. Rien de plus vrai. Il n'y a pas que cela à en dire. Sachant à peine d'où elles viennent, ignorant, à coup sûr, où elles vont, elles sont, en outre, irrésolues. Allez chez le premier venu à l'heure qu'il vous plaira, et vous verrez qu'il ne sait jamais prendre un parti sur n'importe quoi. Le désenchantement était le signe imprimé sur le front du *René* de Chateaubriand ; le doute était le dé-

faut ou la faiblesse du poète qui a écrit la *Confession
d'un enfant du siècle ;* l'irrésolution est le travers des
hommes d'aujourd'hui et, après tant de révolutions,
de guerres, de déceptions, de fourberies, d'ombres
et de fausses routes, comment donc ne pas être irrésolu, je vous le demande ?

Le découragé qui veut aller et ne va pas en Amérique est un irrésolu.

Il en était de même pour les séparations de corps
d'Èva et de Rodolphe. Toutes les fois qu'à la suite
d'une brouille éphémère on avait décidé une disso-
lution du ménage, au moment du départ, tous les
deux s'écriaient chacun de son côté :

Èva. — Cette fois, monsieur, c'est bien fini.

Rodolphe. — Nous nous quittons sérieusement,
mademoiselle.

Èva. — Oui, nous nous quittons, mon cher.

Rodolphe. — Pour toujours, ma belle.

Èva. — Ah ! certes oui, pour toujours, monstre.

Rodolphe. — Eh bien, soit, déménageons.

Èva. — Déménageons donc, et rondement.

Ici on se prenait au mot ; on bouleversait l'appartement de fond en comble ; on commençait à faire
les paquets, et puis... Et puis, on les défaisait à la
hâte pour les refaire une autre fois.

Dans le joli et élégiaque roman de *Marianna*, Jules
Sandeau s'étend avec une complaisance de physiolo-

giste sur une scène de la vie intime qui a pour résultat une séparation entre amants. En montrant le pêle-mêle des choses qu'on change alors de place afin de les emporter loin de là, le romancier ajoute :

« Je ne crois pas qu'il y ait un spectacle plus triste au monde. »

Il faut avoir souffert pour avoir su écrire ce mot-là.

Cet épisode désolant de *Marianna,* ce chapitre de la séparation, Rodolphe et Èva l'avaient lu pendant leur lune de miel. Ne l'eussent-ils point parcouru des yeux qu'ils se rappelaient l'avoir vécu, ce qui le leur rendait plus saisissant. L'aspect des muets témoins de leur bonheur avait frappé leurs regards et touché leurs âmes. Une fois encore ils s'étaient écriés :

— Nous ne nous exciterons plus à nous séparer· c'est une comédie lamentable.

Mon Dieu ! qui a bu boira. Qui a aimé aimera. Qui cultive la brouille la veut à propos de rien. Horace l'a fait voir par le *Donec gratus eram,* d'où Molière a tiré le *Dépit amoureux.* — Pourquoi tient-on à se séparer pour se raccommoder ? — Pour avoir le plaisir et l'occasion de souffrir !

Nullement corrigés par ce chef-d'œuvre de Jules Sandeau ni par l'expérience, Rodolphe et Èva en arrivèrent à une vingtième rupture. Et justement, pour donner plus d'énergie à l'aventure, le musicien se mit à casser une petite tasse en vieux sèvres. Hélas! le plus calme casse toujours quelque chose!

Èva. — Ma tasse de Sèvres cassée! (*Sévèrement.*) Monsieur, épargnez-moi, je vous prie, l'odieux de pareilles violences. Ne cassez rien de ce qui n'est pas à vous. Pas tant de détours. Finissons-en.

Rodolphe. — Sans doute, finissons-en. Vous savez que je ne demande pas mieux.

Èva. — Que ne l'avez-vous fait comprendre plus vite? J'aurais été heureuse de vous prendre au mot.

Rodolphe. — Il n'y a pas de temps à perdre, puisque nous sommes d'accord. Cette fois ce ne sera pas un jeu d'enfant.

Èva. — J'y compte bien, monsieur.

Rodolphe. (*Il prend son chapeau et fait mine de sortir*). — Eh bien, adieu. Au plaisir de ne plus vous revoir.

Èva. — Un moment.

Rodolphe. — Qu'est-ce à dire?

Èva. — Si je vous rappelle, ce n'est point afin de vous retenir, ce serait plutôt le contraire. J'entends bien que vous allez emporter d'ici tout ce qui est à vous, objets d'art et souvenirs.

Rodolphe. — Ce que vous me dites là est une insulte, vous le savez, Èva. Sauf un bouquet de violettes desséchées, rien ne m'appartient, puisque tout est à vous.

Èva. — Ce que vous dites là est chevaleresque; mais vous savez bien que je n'y adhère pas. Il y a une puissante raison pour que vous emportiez d'ici mille choses.

RODOLPHE. — Quelle raison ?

ÈVA.—Celle de faire que je n'aie plus sous les yeux ce qui pourrait me rappeler votre personne. Emportez donc tout. Ce sera me rendre un très grand service.

RODOLPHE. — Puisque vous le prenez sur ce ton, j'obéis. Partageons donc.

ÈVA. — C'est ça, monsieur. Faisons deux lots : celui de droite pour vous; celui de gauche pour moi. Il y a d'abord deux statuettes : *Le premier secret à Vénus*, et une réduction de la Vénus de Milo.

RODOLPHE. — La jeune fille à vous ; la Vénus à moi, mademoiselle.

ÈVA. — Instruments de musique : la harpe pour vous ; le piano pour moi.

RODOLPHE. — La bibliothèque : dix volumes, romans et vers.

ÈVA. — Cinq volumes pour chacun.

RODOLPHE. — La pelle et les pincettes?

ÈVA. — Compensation avec les chenets.

RODOLPHE. — La commode à serrer le linge.

ÈVA. — En échange de l'armoire à glace. Ah ! maintenant, les pantoufles arabes, monsieur.

RODOLPHE. — Oui, Èva, les pantoufles achetées à Grenade, dans l'Alhambra, à une vieille gitane : les pantoufles que vous avez si bien enjolivées avec votre aiguille de fée ! A qui appartiendront-elles ?

ÈVA. — Impossible de les diviser sans les déprécier au plus haut point, ces pantoufles.

RODOLPHE. — Pourtant, il faut les partager, comme tout le reste, n'est-ce pas?

ÈVA. — Salomon même, s'il avait à prononcer une sentence là-dessus, ne le ferait point sans un vif embarras. Il faut la paire entière à l'un ou à l'autre.

RODOLPHE. — Eh bien, jouons-les à pile ou face, ou bien au doigt mouillé. Est-ce dit?

ÈVA. — C'est dit.

En ce moment solennel, le musicien la regarda, et elle regarda le musicien. — Une larme d'opale tremblait aux longs cils d'Èva. C'en était assez. — Rodolphe, laissant là son lot, se jeta au cou de la belle personne en lui disant:

RODOLPHE. — Ces pantoufles nous enseignent que, quand on est bien appareillé, il ne faut pas se séparer.

Fort bien; mais ils recommenceront bien encore une dizaine de fois, mais pour ne pas aller jusqu'au bout.

L'AUTEUR AU PUBLIC,

En guise de moralité.

Grands et petits, beaux et laids, pauvres et riches, vous tous qui êtes en passe de vous séparer, ayez toujours une paire de pantoufles.

XVII

L'OPÉRA INACHEVÉ

PERSONNAGES :

ZAFARI, compositeur de musique.
CÉLINE, sa femme.
FANCHETTE, servante.

Une salle à manger rue des Abbesses, à Montmartre. — L'homme et la femme déjeunant sur une table en forme de guéridon. — Arrive le dessert. — Un coup de sonnette se fait entendre. — Bientôt la bonne accourt, un peu effarée.

CÉLINE. — Qu'est-ce que c'est que ça, Fanchette ?

LA SERVANTE. — Une lettre de trois sous, madame.

ZAFARI. — Trois sous, ça veut dire timbrée de Paris.

CÉLINE. — Donnez donc, Fanchette.

LA SERVANTE. — Mais, madame, c'est pour monsieur.

CÉLINE, *d'un ton sévère.* — Mais, Fanchette, c'est moi qui suis monsieur pour toutes les choses de la maison ; ne le savez-vous pas ?

LA SERVANTE, *tendant la lettre.*— Entendu, madame.

CÉLINE, *toujours fâchée.*— Mademoiselle, allez-vous-en à votre cuisine voir si j'y suis.

LA SERVANTE. — Eh ! madame, on y va.

ZAFARI, *à sa femme.* — Chère belle, il ne faut pas t'emporter pour des enfantillages. Voyons, cette lettre, qu'est-ce que c'est?

CÉLINE, *regardant la suscription.*—D'abord je croyais que c'était un mot d'Armande, la vieille cousine du Marais, qui m'a promis six pots de mirabelles confites. Mais non. Écriture d'homme : ça se voit bien.

ZAFARI, *enfourchant son lorgnon sur son nez pour y voir de loin.* — Tiens, c'est de Buscambille, ça.

CÉLINE. — Le poète chevelu?

ZAFARI. — Mon Dieu, oui, le faiseur de livrets à outrance. Je suis sûr qu'il va encore me parler du *Siège de Grenade*, l'opéra moresque dont il a fait les paroles depuis sa sortie de nourrice, le même dont je dois toujours terminer la musique demain matin.

CÉLINE, *après avoir fait sauter l'enveloppe.* — Vous avez deviné juste; c'est bien de cet opéra qu'il est question. (*Faisant mine de lire.*) Il n'est pas fort content de vous, ce semble, ce bon Buscambille.

ZAFARI. — Dis-moi donc un peu ce qu'il chante.

CÉLINE, *lisant.* — « Musicien du diable, Orphée en fer-blanc, Mozart de carton, Samoyède, Hottentot, voleur de rimes, brigand, maroufle, canaille, quart d'agent de change, goîtreux, sabouleux, crétin de la montagne, et notre *Siège de Grenade*, ce chef-d'œuvre qui doit nous couvrir d'or, quand l'auras-tu fini ? Quand serons-nous à demain matin ?

» Vous êtes une truie.

» TIMOLÉON BUSCAMBILLE.

» *P. S.* — On vient de m'envoyer une jolie petite tonne de Xérès. Si tu veux en boire ta part, viens dimanche à cinq heures. »

ZAFARI. — On n'est pas plus charmant, il faut en convenir.

CÉLINE. — Charmant, à cause du Xérès ; c'est là ce que vous voulez dire, Zafari ?

ZAFARI. — Non, c'est à cause de tout le billet.

CÉLINE. — A cause de tout ? Eh bien, je ne le crois pas, moi. Le paragraphe qui vous rappelle le *Siège de Grenade* ne vous plaît pas autant que vous voudriez bien le dire. Qu'il soit ce qu'il voudra, ce Buscambille, un farceur ou une tête de liège, ça ne fait rien. Il n'en a pas moins cent fois raison en ce qui se rapporte à l'Opéra commencé. « Ce chef-d'œuvre, qui doit nous couvrir d'or, » il ne vous l'envoie pas dire. Voilà qui est écrit très lisiblement en toutes lettres, et cependant ça n'a pas l'air de beaucoup vous émouvoir. Mais donnez-vous la peine de réfléchir, si vous en êtes capable. Un opéra qui réussit, c'est une mine de diamants. Tout le monde sait ça. Je ne vois plus que vous pour n'avoir pas l'air de vous en douter. Une centaine de mille francs pour le droit d'auteur, Dieu sait si la chose tomberait à pic pour nous en ce moment. Les logements, les vivres, les vins, les gages des domestiques, ont augmenté dans des proportions dérisoires. Il n'y a plus à songer à servir sur notre table que du modeste Charentais. Et les étoffes? Ça coûte les yeux de la tête. Une robe de femme! une ruine. Ce qui fait que votre Céline, qui se flatte d'être sage, en sera réduite à s'envelopper de ses nippes de l'an passé ou à aller toute nue. La faute en sera visiblement à vous qui ne voulez décidément pas mettre la dernière main au *Siège de Grenade*.

ZAFARI, *à part*. — Bon! le sermon recommence! Me voilà pincé. (*Haussant la voix.*) — Fanchette! Fanchette!

LA SERVANTE. — Quoi donc, monsieur?

ZAFARI. — Le café tout de suite.

LA SERVANTE. — Monsieur, y en a qu'en grains. Faut le temps de le moudre.

ZAFARI. — En ce cas, faites vite.

CÉLINE. — Faites vite! Eh! c'est ce que vous devriez vous recommander à vous-même, mon cher. Comment! vous êtes un ancien grand prix de Rome;

vous avez fait des cantates qu'on a applaudies, une messe qu'on chante dans dix cathédrales et une drôlerie qu'on joue aux Bouffes-Parisiens, quand madame Théo n'est pas enrhumée. Tout ça a fait dire à la critique : « Zafari a du chien ; c'est un gaillard qui ira loin. Il y a du Cimarosa sous sa peau. » Et voilà que vous restez bêtement en route comme une charrette embourbée ! Qu'avez-vous fait depuis six ans ? Un quadrille, les *Hannetons de Bougival*, trois romances, de la menue monnaie, des broutilles indignes d'un homme qu'on dit avoir l'araignée du génie dans la tête.

ZAFARI. — Permettez, chère belle, je suis encore jeune.

CÉLINE. — Soit, mais ça ne durera pas. Jeune et rouillé, prenez-y garde, c'est l'histoire de bien des hommes du temps qui ont débuté avec éclat. D'ailleurs on ne vit pas cent cinquante ans. Voyez ceux qui sont en vedette dans votre art, ils ne s'amusent pas à gaspiller les heures ; Gounod a fait *Faust ;* Ambroise Thomas, *Hamlet ;* Félicien David, *Herculanum ;* Ernest Reyer, la *Statue*. Tout artiste sait bien qu'on doit se hâter, sous peine d'avoir le rang d'un traînard. Buscambille a donc cent fois raison. Quand un poète de sa valeur se donne la peine de forger dix mille vers de toute dimension, ce n'est pas pour les voir moisir au fond d'un tiroir. Notez qu'il y a là, pour vous, un cas de conscience, car enfin, en ne terminant point cet opéra, non seulement vous vous nuisez à vous-même, mais encore vous faites un tort cruel à votre collaborateur : vous condamnez sa famille à mourir de faim. Tant de paresse touche au crime, monsieur.

ZAFARI. — Permets, ma petite Céline, je l'ai déjà grandement avancé, ce sempiternel opéra. Sur trois actes, j'en ai fait deux et demi.

CÉLINE. — Monsieur, on lit dans les philosophes chinois que lorsque, sur dix pas à faire, il n'y en a que neuf de faits, tout est à faire. J'ajoute que, si vous l'avez poussé, à qui cela est-il dû, si ce n'est à moi ? L'an dernier, voyant que vous y alliez comme un chien qu'on fouette, j'ai loué pour toute la belle saison un chalet dans le bois de Ville-d'Avray. Alors je vous ai emmené de force dans ce réduit, vous traitant tour à tour en prisonnier et en femme grosse dont on écoute les caprices. Je me disais : « Loin du bruit de la foule, il achèvera son *Siège de Grenade*. » Mais les trois quarts du temps, savez-vous ce que vous faisiez ?

ZAFARI. — Je cueillais des fraises ou je ramassais des champignons.

CÉLINE. — Belle avance, vous en conviendrez.

ZAFARI. — Pourtant j'y pensais, à mon opéra. Je me disais : « J'y travaillerai demain. »

CÉLINE. — Précisément, monsieur n'a plus que ce

mot à la bouche, celui de tous les paresseux : « Je travaillerai demain. » A la fin, je ressemble à Buscambille, moi, je m'insurge. Je ne veux pas tolérer plus longtemps une telle situation. Bon gré, mal gré, il faut que vous vous remettiez au *Siège de Grenade*, il faut que vous le terminiez ; sinon je quitte la maison, ou encore je vous...

ZAFARI. — Céline, ma petite femme !

CÉLINE. — Il n'y a pas de petite femme qui tienne. Je vous répète que c'est monstrueux cette façon de vous conduire. (*Elle prend une soucoupe et la casse.*)

ZAFARI. — Prends donc garde, tu viens de dépareiller notre vieux saxe !

CÉLINE. — Il s'agit bien de vieux saxe ! (*Elle saisit la tasse.*) Tout y passera, monsieur, je vous en préviens.

ZAFARI. — Diable ! (*Faisant semblant de s'aplatir.*) Ma petite femme, c'est moi qui ai tort. Dès demain, nous arrangerons cela. (*A part.*) Je veux sauver mon sucrier. — Dès demain j'achève.

CÉLINE. — Du tout. Ce serait trop tard. Aujourd'hui même, monsieur.

ZAFARI. — Aujourd'hui même, soit. (*Tout bas.*) Un service de porcelaine comme il n'y en a pas trois dans Paris.

FANCHETTE vient et sert le café. — Quand le mari et la femme ont bu et se sont retirés, elle dit en chantonnant :

Quels serins que tous ces artistes !

XVIII

L'ARGENT PRÊTÉ

PERSONNAGES :

EDGAR DE BRÉTIGNY, viveur.
CLAUDIA, marquise de la Fourchette.
DICK, groom d'Edgar.

SCÈNE PREMIÈRE.

Appartement de garçon, rue de Moscou. — Après déjeuner, on
cause affaire.

EDGAR. — Chère belle, un mot.

CLAUDIA. — Parle.

EDGAR. — Toi qui es une femme d'ordre, tu vas me
dire quel est le quantième du mois.

CLAUDIA. — Rien de plus facile.

EDGAR. — Est-ce réellement le 15 mai?

CLAUDIA. — Mon Dieu, oui.

EDGAR. — Comment, si tôt! Allons, ce n'est pas possible.

CLAUDIA. — Jette plutôt les yeux sur l'almanach.

EDGAR. — Pas moyen d'en douter. Oui, c'est bien demain le 15... Eh bien, me voilà dans de beaux draps!

CLAUDIA. — Pourquoi?

EDGAR. — Tiens, parce que j'ai une échéance diabolique, quoique je ne sois pas commerçant. Trois billets de cinq cents balles chacun; total quinze cents francs. Et dans mon tiroir, seulement cent vingt-sept francs cinquante centimes. Comment me tirer de là?

CLAUDIA. — Voilà un de ces moments où l'on regrette de ne pas être Nicolas Flamel.

EDGAR. — Parce que?

CLAUDIA. — Parce que si, par hasard, on l'était, on pourrait changer en or le dossier de son fauteuil ou les deux coupes de bronze qui sont sur la cheminée.

EDGAR. — Chère belle, ne me dis donc pas de bêtises, je t'en conjure. La question est des plus graves, puisqu'il peut y avoir trois protêts au bout, c'est-à-dire trop de littérature d'huissier, une pluie de papier timbré.

CLAUDIA. — Ah! dame, ces billets-là, que veux-tu, il ne fallait pas les faire.

EDGAR, *un peu piqué*. — Si je les ai faits, vous savez bien, mademoiselle, que c'est à cause d'un joli petit museau qui, pour le moment, n'est pas bien loin de moi. Mais il ne s'agit pas de récriminer. Ce qu'il faut, c'est payer. Mais comment? Où trouver ces quinze cents francs? A quelle caverne d'Ali-Baba frapper?

CLAUDIA, *en fumant*. — Te voilà bien en peine. Écris à ton banquier.

EDGAR. — Crédit fermé depuis trois mois.

CLAUDIA. — Télégraphie au père Isaac Baudruche, alors.

EDGAR. — Bon ! voilà huit jours qu'il a été inséré à la Conciergerie pour avoir trop cultivé Sainte-Usure, pas vierge, mais martyre.

CLAUDIA. — En ce cas, aux grands maux les grands remèdes. Fais traite, dès ce matin, sur ceux à qui tu as prêté toi-même.

EDGAR. — Redemander son argent aux amis, tu sais bien que ça ne se fait pas; c'est ce que dit Alfred de Musset dans le joli poème de *Mardoche;* c'est ce que prohibe l'adage : « Quand on ne sait pas perdre son argent, il faut savoir perdre son ami. »

CLAUDIA. — Ah ! mon cher, ceux qui se brouillent pour ça ne méritent pas le nom que tu leur donnes. Ce ne sont pas des amis.

EDGAR. — N'importe ! c'est ce qui arrive toujours. Je ne m'adresserai donc pas à eux

CLAUDIA. — Eh bien , résigne-toi aux trois protêts, trois huissiers panachés.

EDGAR. — Ah ! je sais que c'est raide. (*Il laisse tomber sa tête entre ses mains.*) Mais, encore une fois, à qui m'adresser ? — A Florestan ? — Il est en voyage ! — A Van Buck ? — Je l'ai rencontré la semaine dernière, plus pané qu'une côtelette. Ma lettre aurait l'air d'une ironie. — « Tu veux saigner un mort », dirait-il.

CLAUDIA. — Voilà bien des façons. Interpelle Eustache de Breynal, qui est millionnaire. Qu'est-ce que 1,500 francs pour lui ? Un grain de froment pour un meunier. Écris-lui donc.

EDGAR. — C'est juste. Excellente idée ! (*Il se met à son bureau et écrit.*) Comme il n'y a que deux cents pas d'ici, Dick va porter ce petit chiffon de papier.

« Au secours ! Eustache, à l'aide ! **Je me noie** à cause d'une échéance de demain. Rends-moi donc le service de m'envoyer par le porteur du présent quinze cents francs sur les trois mille francs que j'ai eu le plaisir de te prêter, en novembre dernier, au cercle des Sucres-d'Orge, un soir de *bac*.

» Mille remerciements d'avance.

» EDGAR. »

8

SCÈNE II.

(*Après avoir sonné, à Dick :*) Cette lettre pour M. de Breynat, tout de suite, tout de suite, même s'il pleuvait des vieilles femmes. Il y a une réponse à attendre.

DICK s'incline en signe d'assentiment et part comme une flèche. Au bout de vingt minutes, il reparaît avec un message ainsi conçu :

« — Ah çà ! mon cher, as-tu perdu la tête ? Il n'y a que trois semaines que je suis marié et tu me demandes de l'argent. A la vérité, j'ai épousé une belle dot, mais il en est de ce magot comme du trésor des contes arabes, ce qui signifie qu'il est gardé, nuit et jour, par ma belle-mère, espèce de dragon qui a des lunettes vertes et des moustaches. Pour ta gouverne, apprends qu'en guise d'argent de poche, on ne me donne qu'un louis à la fois, ainsi qu'on le ferait pour un collégien. C'est donc soixante-quinze jours de mon subside que tu sollicites. J'ose croire que ces éclaircissements te feront renoncer à une pareille insanité. Mon pauvre garçon, cherche ailleurs.

» Ton ami,

« EUSTACHE DE BREYNAT. »

EDGAR. — Bon ! Et d'un ! — Bast ! ne nous décourageons pas. Je vais essayer d'un autre. Écrivons à Saint-Hérem. Celui-là est plus calé sur ses jambes.

« Vicomte, tu m'as dit cent fois : « Entre nous, c'est à la vie, à la mort. » Je ne t'en demande pas tant. Si tu veux me rendre un signalé service, remets pour moi 1,500 francs au Mercure en bottes molles qui t'apporte ce papier, 1,500 francs en a compte sur ce que tu sais bien, n'est-ce pas ?

» Mille remerciements d'avance.

« EDGAR. »

SCÈNE III.

Une heure après le valet revient dare dare.

DICK, *haletant.* — Monsieur, voici la réponse.

CLAUDIA. — Ah ! voyons un peu ce qu'elle chante.

EDGAR, *après avoir fait sauter l'enveloppe.* — Allons, ce n'est pas croyable cela.

CLAUDIA. — Qu'y a-t-il donc ?

EDGAR. — Saint-Hérem qui se fâche tout rouge à cause de ma lettre de tout à l'heure ! Cinq lignes d'une cordialité toute fraternelle !

CLAUDIA. — Saint-Hérem, le meilleur de tes amis !

EDGAR. — Dick, retirez-vous. (*Il reprend le papier.*)

Si je n'avais pas cette réponse, je n'en pourrais pas croire mes yeux. (*Il lit tout haut :*)

« *A M. Edgar de Brétigny, rue de Moscou,* 17.

» En vérité, mon cher, votre procédé a lieu de m'étonner au plus haut point. Il est bien vrai que je vous dois une broutille de quatre ou cinq mille francs, je ne sais pas au juste, que vous m'avez prêtés il y a dix-huit mois, à l'époque où je me séparais de la petite Beaupertuis. Mais vous tombez bien mal pour me réclamer cette dette. Tout le monde sait que ma tante de la rue Louis-le-Grand vient de me déshériter, et c'est le moment que vous choisissez pour me poursuivre de vos réclamations ! Présentement, je ne suis pas en mesure de vous satisfaire ; mais, d'ici cinq à six jours, le 20 mai au plus tard, je me ferai un point d'honneur de vous envoyer, non 1,500 francs, mais les 4,000 francs que je me suis trouvé dans la nécessité de vous emprunter, — pour une autre.

» Inutile d'ajouter que, ce payement effectué, toute intimité aura cessé entre nous.

» Mes salutations empressées, mon cher.

» ANNIBAL DE SAINT-HÉREM. »

EDGAR. — Eh bien, la belle, qu'en dis-tu ?

CLAUDIA. — Je dis que nos pères savaient ce qu'ils disaient quand ils faisaient leur proverbe sur l'argent prêté. — Mais, à propos, il m'arrive une idée pour t'arracher ton épine du pied.

EDGAR. — Qu'est-ce donc? Dis-moi ça, je te prie. Va vite.

CLAUDIA. — Voici là-haut, à cette panoplie, une épée à coquille, garnie de brillants, une relique de famille. En attendant des jours meilleurs, mets-là au clou. On te prêtera dessus trois mille francs. Sur ce total, tu prendras d'abord le montant des trois billets.

EDGAR. — Bien dit. Et l'autre moitié?

CLAUDIA. — Les autres 1,500 francs, tu me les prêteras pour aller à la mer.

EDGAR. — Tu me les rendras fidèlement?

CLAUDIA. — Oui, comme cela se fait tous les jours, entre gens d'honneur.

XIX

EN REVENANT DE MABILLE

PERSONNAGES :

MARIA DE RISQUENVILLE, marquise de la Fourchette.
UN ANGLAIS QUELCONQUE, vrai ou faux.
ACHILLE, garçon de chez Brébant.
LA FRISÉE, amie de Maria.

SCÈNE PREMIÈRE.

Au bal Mabille, pas loin des cyprins.

MARIA DE RISQUENVILLE. — Ah çà! que se passe-t-il
donc qu'il n'y a plus d'hommes par ici? Les Brésiliens ont disparu; les Espagnols sont tous dans la
dèche; les Russes se retranchent derrière le nihi-
lisme pour avoir un prétexte de ne plus courtiser
personne. On dit : — « Il y a encore des Hongrois. »

Est-ce bien sûr? S'il y en a, je n'en sais rien, attendu que je n'en ai pas encore vu le nez d'un seul. — Eh ! dis donc, la Frisée, que vois-tu venir ?

LA FRISÉE. — Personne. Des calicots et des reporters seulement.

MARIA DE RISQUENVILLE. — Deux indignités, alors. Ça ne compte pas. Ce serait à se *néyer* comme cette biche d'autrefois...

LA FRISÉE. — Sapho ?

MARIA DE RISQUENVILLE. — C'est ça même.

LA FRISÉE. — Faire comme elle... Pas si bête, par exemple !

Elle s'échappe pour aller au concert Besselièvre.

SCÈNE II.

MARIA DE RISQUENVILLE. — Tiens, un bon type !

L'INCONNU. — Que havez-vous ?

MARIA. — Ce costume, ce grand dadais, ce nez, ces cheveux et ces favoris rouges, ça ne peut être qu'un Anglais.

L'INCONNU. — *Oh ! yes !*

MARIA. — Il répond à peu près comme une personne naturelle.

L'INCONNU. — *Oh ! yes !*

MARIA. — Quelque quart de milord bien bête ?

L'INCONNU. — *Oh ! yes !*

MARIA. — Il faut que je plume celui-là.

L'INCONNU. — *Oh! yes!*

MARIA. — On dirait qu'il n'est venu que pour ça.

L'INCONNU. — *Oh! yes, miss.*

MARIA. — De mieux en mieux. (*A l'inconnu.*) Dites donc, vous, vous êtes Anglais?

L'INCONNU. — *O yes, very good!*

MARIA. — Fils d'Albion, donnez-moi le bras.

L'ANGLAIS. — *Oh! yes!*

MARIA. — Nous faisons trois tours, histoire de voir et d'être vus.

L'ANGLAIS. — *Oh! yes!*

SCÈNE III.

Minuit sonne. — On hêle une voiture. — Maria de Risquenville demande à l'insulaire s'il ne veut pas souper.

L'ANGLAIS. — *Oh! yes!*

MARIA. — Allons chez Brébant.

L'ANGLAIS. — *Oh! yes!*

MARIA. — Pas contrariant, ce compatriote du prince de Galles. Il veut tout ce qu'on veut. (*Elle appelle.*) Garçon! garçon! Ah! dame, il faut qu'il nous serve bien, allez!

L'ANGLAIS. — *Oh! yes!*

MARIA, *au garçon.* — Qu'avez-vous?

LE GARÇON. — De tout.

MARIA. — Celle-là, nous la connaissons. — (*A l'An-glais.*) — Me laissez-vous faire la carte ?

L'ANGLAIS. — *Oh ! yes !*

MARIA. — Une bécasse truffée ?

L'ANGLAIS. — *Oh ! yes !*

MARIA. — Des filets de sole à l'italienne

L'ANGLAIS. — *Oh ! yes !*

MARIA. — Filets de chevreuil au Madère ?

L'ANGLAIS. — *Oh ! yes !*

MARIA. — Fromage de Coulommiers ?

L'ANGLAIS. — *Oh ! yes !*

MARIA. — Fraises au champagne ?

L'ANGLAIS. — *Oh ! yes !*

MARIA. — Vins : Pomard et Château-Iquem ?

L'ANGLAIS. — *Oh ! yes ! oh ! yes !*

On soupe. — Maria de Risquenville dit qu'elle adore tous les enfants de la Vieille Angleterre, attendu qu'ils ne donnent jamais de démentis aux femmes ; — L'Anglais n'ouvre la bouche que pour dévorer et dire : *oh ! yes !*

SCÈNE IV.

MARIA DE RISQUENVILLE. — Garçon ! L'addition !

LE GARÇON. — Voilà, madame.

Il apporte la carte à payer qu'il présente respectueusement sur une assiette. — Maria regarde le papier et, en s'adressant à son convive :

MARIA. — Milord, voulez-vous payer ?

L'ANGLAIS. — *No! no! no!*

MARIA, *stupéfaite.* — Comment! *no! no! no!* Qu'est-ce que ça signifie, cette comédie-là, milord?

L'ANGLAIS. — *Pas être un comédie.*

MARIA. — Milord!

L'ANGLAIS. — *Moâ pas vouloir payer du tout...*

MARIA. — Par exemple, elle est raide, celle-là? Pourquoi ça, s'il vous plaît?

L'ANGLAIS. — *Moâ avoir été invité par vous.*

MARIA *a beau parler, supplier, crier : l'Anglais ne veut pas en démordre. — A la fin, elle ouvre son porte-monnaie et en tire les* 58 *francs portés au total. — L'é-tranger détale avec un calme sans pareil.* — Va donc, canaille d'Anglais, va !

LE GARÇON. — Madame, je le connais. Ce n'est pas un Anglais, c'est un rapin de l'atelier du peintre Gérôme, un farceur qui vous l'a faite à la Grande-Bretagne.

Maria se trouve mal ; — pour la faire revenir à elle, il faut couper les cordons de son corset.

XX

LE MINISTRE DE DEMAIN

PERSONNAGES :

FLORIMOND, candidat ministre.
Me LANDRU, avocat.
UN DOMESTIQUE.

SCÈNE PREMIÈRE.

Cabinet d'un avocat célèbre. — Petits bronzes. — **Livres.** — Dossiers. — Un buste de Mirabeau.

UN DOMESTIQUE. — Le journal de monsieur.

FLORIMOND. — Très bien. (*Regardant la bande.*) Qu'est-ce que c'est? Toujours la même rubrique sur l'adresse : *Me Florimond, avocat.* — Avocat! Eh! sans doute, je le suis, puisque j'ai prêté serment en cette qualité. Je le suis, puisque mon nom est inscrit au tableau entre ceux de Crémieux et de Sénard. Pourtant, la vérité est que, depuis deux ans, je n'ai pas mis une seule fois les pieds au Palais. Avocat, en réalité, j'ai donc cessé de l'être. Dieu merci, grâce à l'éclat de ma parole, je me suis élevé jusqu'au rang d'homme d'État. La preuve, c'est que, hier soir encore, à la Chambre, au pied de la tribune, il n'était question que de moi pour la nouvelle combinaison ministérielle. Bien mieux, à la suite d'un mot à double entente, tombé de la bouche du duc de Broglie, tous les moutons de Panurge me désignaient déjà comme devant être le chef du futur cabinet.

Sous ce rapport, les choses ont marché d'un tel pas que je ne serais pas étonné de voir l'*Officiel*, dans son édition de midi, annoncer la nouvelle à la France attentive. Ainsi, vu ce qui se passe, cette bande de journal, persistant à faire de moi un avocat, devient impertinente à force d'impolitesse et de bêtise. (*Il la fait sauter.*) Mais voyons tout de même ce que chante ce canard.

LE DOMESTIQUE. — Le chocolat de monsieur.

FLORIMOND. — Posez la tasse sur le guéridon et ne me dérangez plus. (*Lisant.*) Le *Clairon.* — Article d'entête. — Variations accoutumées sur la question d'Orient. — Guitare qui date de Pierre-le-Grand. Toujours la même chose. Passons — Extrait du *Times.* « L'équilibre européen ne sera pas encore dérangé cette année. » — Une phrase qui plaît toujours aux gobeurs. — *Échos de Versailles.* — Ah! voilà mon affaire! « Hier au soir, dans la salle des Tombeaux, il » était de plus en plus question pour chef du nouveau » ministère de M. Florimond (des Deux-Saônes). Il » paraît que l'éminent orateur consent enfin à accep- » ter le portefeuille de la justice. » Oui, c'est en toutes lettres. Ce qu'il y a de plus curieux, c'est que je ne le leur fais pas dire. Je n'ai personne au *Clairon*. Il faut donc croire qu'il s'agit réellement, cette fois, d'un mouvement de la Chambre qui se sera traduit en rumeur publique, en cri d'espérance. Garde des sceaux! la tête la plus haute de ce pays après celle du maréchal! Qui m'aurait dit ça, quand, il y a vingt-cinq ans, je piochais les *Institutes* dans une affreuse petite mansarde de la rue Serpente? Mais j'entends du bruit à la porte. Est-ce que ce ne serait pas le dragon d'or- donnance, chargé de m'apporter l'ampliation du dé cret de nomination?

Bruit de sonnette.

LE DOMESTIQUE, *effaré*. — Monsieur...

FLORIMOND. — Qu'y a-t-il? Un cavalier? un dragon à la porte?

LE DOMESTIQUE. — Du tout, monsieur.

FLORIMOND. — Eh bien, qu'est-ce donc?

LE DOMESTIQUE. — Maître Jacques Landru, votre ami et collègue.

9

FLORIMOND. — Landru! mon ami! Pardieu, des amis, je vais en avoir à remuer à la pelle. Paris ne va plus être pavé que de complimentassiers qui se prétendront mes intimes. Faites entrer maître Landru ; (*En jetant un coup d'œil sur la pendule.*) mais je ne lui donnerai que dix minutes, pas plus.

SCÈNE II.

LANDRU (*vivement*). — Allons, puisque les gonds de ta porte paraissent être rouillés, c'est que tu es décidément en voie de devenir un personnage. On a de la peine à arriver jusqu'à toi, mon gaillard. En d'autres termes, l'entre-filet du *Clairon* de ce matin t'aura grisé. Voilà que tu commences à faire ta tête.

FLORIMOND. — Mon cher Landru...

LANDRU. — Ne me coupe donc pas si vite la parole, mon petit. Si j'accours si vite, avant tous les autres, ce n'est point, tu dois t'en douter, afin de faire le vilain métier de solliciteur, lequel ne sera jamais le mien. Considérant la bizarrerie de l'époque et l'indigence déplorable de notre pays en fait d'hommes, d'ici à vingt-quatre heures, tu vas être premier ministre. Avant même que la chose ne soit établie, tu t'en fais accroire, je le vois. Tu t'imagines que *c'est arrivé*, comme on dit au café de Suède. Et, en effet, il doit y avoir du vrai dans l'aventure, puisque Paris entier ne s'occupe déjà plus, depuis hier au soir, que de la brusquerie de ton avènement.

FLORIMOND. — Brusquerie ! Il y a vingt-cinq ans bien comptés que je pioche, maître Jacques Landru.

LANDRU. — Parbleu ! quant à moi, il y a bien quarante ans, quinze ans de plus que toi, et *je ne me monte pas le bourichon* pour cela, mon petit. A la vérité, je n'ai jamais voulu supposer une seule minute que j'étais un homme coulé en bronze. Tout au contraire, j'ai la modestie de ne vouloir être qu'un travailleur heureux. M'étant appliqué à fuir la politique comme la peste, je n'ai pas quitté le Palais, où, du reste, j'ai fini par faire une assez jolie fortune. Avocat j'ai été ; avocat je suis ; avocat je mourrai. Quant à toi, c'est une autre paire de manches. Étant fort bien doué, tu as cherché, de fort bonne heure, à devenir le premier moutardier du pape. Aussitôt que, grâce au *Droit* et à la *Gazette des Tribunaux,* tu as eu pour deux sous de réputation, tu t'es dit que le Palais de justice était un théâtre bien vulgaire. et tu as aspiré à te faire élire député. C'est alors que tu t'es mis à afficher les opinions libérales. Libérales ! Je pourrais prôner les opinions les plus radicales que je ne serais pas repris par tes électeurs. On débute toujours par là, sauf à renier son commencement. Député de la gauche, tu as parlé rude-

ment : tu as fait des rapports, présenté des amendements, dirigé des coalitions, créé et renversé dix
cabinets. Dans vingt mille estaminets, tout le long
des 40,000 communes de France, les joueurs de
dominos ne juraient que par toi. — « Ah! ce Florimond! voilà un gaillard! C'est un des Titans de la
Révolution! » — Aujourd'hui, à ce qu'il paraît, tu
vas former un ministère pour ton propre compte.
Et c'est justement à cause de cela que ton vieil ami
vient te voir. Il a une ambition...

FLORIMOND. — Laquelle?

LANDRU. — Celle de te donner un conseil.

FLORIMOND. — Eh bien, voyons, quel conseil me
donnes-tu ?

LANDRU. — Celui de ne pas accepter.

FLORIMOND. — Que dis-tu là? Ne pas accepter le
portefeuille que m'offre le maréchal! Ah! par
exemple!

LANDRU. — Tu te rebiffes! tu piaffes! Hélas! tu
ressembles à tous les autres, mon cher Florimond.
Mais, voyons, donne-toi la peine de m'écouter un
moment. Tu as une famille charmante, une jeune
femme, maison de ville et maison de campagne,
beaucoup de considération. Que te faut-il de plus ?
La gloriole politique! Mais, malheureux, vois donc
où ce même travers a conduit tes devanciers! D'a-
bord, la politique mène vite au cimetière. Je te ci-

terai, rien que parmi les avocats, Mérilhou, Beth-
mont, Barthe, Martin (du Nord), Billault, Baroche.
Quelques-uns ont survécu. Eh! tiens, Rouher, Émile
Ollivier, Pinard, sont plus à plaindre que s'ils étaient
morts. Mais non, le vain clinquant des grandeurs
ministérielles offusque les yeux. Au ministère, un
homme ne sait plus voir le passage des saisons: pour
lui, il n'y a ni hiver, ni printemps, ni automne, ni
été. Tous les jours sont gris et monotones. Il n'a plus
de famille; il est tout entier au conseil. Il ne mange
aucun morceau avec plaisir : il s'assied à de grands
dîners où il est plus épié qu'un voleur *filé* par la police. Il a peur de l'opposition, il a plus peur encore
de la majorité. Un matin, son meilleur ami, son
collègue, devient un rival implacable. Tous deux se
disputent un portefeuille comme deux chiens un os.
En six mois, il perd tout, ses illusions, ses cheveux,
ses amis, son sommeil, sa santé, et jusqu'à l'affection
des siens. Et les crises! et les révolutions! et la
presse, grande et petite! Mais ce que je te dis là-
dessus et rien, c'est la même chose. Un cardinal
allait sacrer un collègue qui venait d'être nommé
pape par le conclave. Il lui dit à voix basse : « Tu es
un ivrogne, un sot, un libertin, un butor. Ne l'oublie
pas. A présent, je vais t'adorer. » Et il l'adora, en
effet, avec un encensoir. De même je te dis, moi,
que tu es la dupe de ton orgueil. Mais je vois bien

que c'est comme si je jouais du violon avec mes pantoufles. N'importe, j'ai fait mon devoir d'ami. Adieu. (*Il sort.*)

FLORIMOND. — Ce pauvre Landru! Il ne sera jamais qu'un *fruit sec!*

XXI

LE RAMASSEUR DE CIGARES

PERSONNAGES :

ROSSIGNEUX, ramasseur de bouts de cigares.
UN PRÉSIDENT de la correctionnelle.
UN AGENT DE POLICE.
UN GEOLIER de la Conciergerie.

SCÈNE PREMIÈRE.

Un carrefour du bois de Boulogne. — Dix heures du soir.

UN INCONNU, *boutonné jusqu'au menton.* — Eh! l'ami!
ROSSIGNEUX. — Quoi?
L'INCONNU. — Une question.
ROSSIGNEUX. — Dites.
L'INCONNU. — Que faites-vous ici?
ROSSIGNEUX. — Indiscret! ça ne vous regarde en rien.

L'INCONNU. — Mille pardons. Ça me regarde absolument. C'est mon devoir de questionner ceux qui se trouvent à une heure indue à la corne de ce bois. (*Il exhibe une carte de sa poche et la fait voir.*)

ROSSIGNEUX. — Bon ! Vous êtes de la *Rousse ?* Il fallait le dire tout de suite. Que me voulez-vous ?

L'AGENT. — Savoir ce que vous faites ici.

ROSSIGNEUX. — Eh bien, vous le voyez. Je rêve.

L'AGENT. — Votre domicile ?

ROSSIGNEUX. — Ce bois même. Je suis comme les oiseaux, je perche. Tenez, troisième chêne à gauche, sur la maîtresse branche. Voilà ma maison et mon oreiller.

L'AGENT. — Assez de mauvaises blagues comme ça. En réalité, qui êtes-vous ? que faites-vous ?

ROSSIGNEUX. — Puisque vous tenez tant à entrer dans mon intimité, je ne vous cacherai rien. Tel que vous me voyez, je suis un ancien homme du monde.

L'AGENT. — Des craques !

ROSSIGNEUX. — La vérité pure. J'ai mené la vie à grandes guides sous l'Empire. Baron Charles-Timoléon Rossigneux, sportsmann, qu'est-ce qui ne se rappelle pas ça ? J'allais chez Morny, les soirs de réception, et aussi chez Walewski. On m'a reçu plus d'une fois aux Tuileries. Beau temps. Comme il a filé vite ! Ah ! j'ai été bien vu des belles d'alors. J'y ai mangé mes quatre sous naturellement. Si vous connaissez le train du monde, vous devez savoir que c'est ce qui ne manque jamais d'arriver. Bref, depuis cinq ans, je suis tombé dans la dèche. Mais j'ai une situation et un état tout de même.

L'AGENT. — Quelle situation ?

ROSSIGNEUX. — Ça, c'est assez délicat à dire, mais, après tout, il n'y a pas de honte. Jadis, j'ai dépensé deux cent mille francs pour une de celles qui brillaient alors. Voitures, soupers, théâtres, courses, bouquets de lilas blancs, ça a roulé que c'en est un charme. Tout mon avoir a fondu ; le sien est resté. Elle a toujours voitures. Elle passe souvent par là, allant de sa petite maison de Saint-Cloud à l'Opéra. Eh bien, le soir, en passant...

L'AGENT. — Achevez.

ROSSIGNEUX. — Sous forme de restitution, elle me jette un louis à terre ; je le ramasse et nous nous en allons, chacun de son côté. Voilà ma situation. Qu'en dites-vous ?

L'AGENT. — Je la trouve bien romanesque.

ROSSIGNEUX. — Elle est comme ça.

L'AGENT. — Et le métier, l'état sérieux ?

ROSSIGNEUX. — Ah ! c'est juste. Le bois est une zone où les étrangers, les élégants et les promeneurs fument sans cesse. Or, quand le louis ne vient pas (et je l'ai attendu en vain, ce soir), je gagne ma vie à ramasser les bouts de cigares.

9.

L'AGENT. — Ça suffit. Ramasseur de cigares, on sait ce que c'est. Je vous colle au bloc. Suivez-moi.

ROSSIGNEUX. —Ah ! volontiers !

SCÈNE II.

La scène est à la Conciergerie.

LE GEOLIER. — Eh bien, vous, pourquoi vous a-t-on coffré ?

ROSSIGNEUX. — Pour prouver qu'en France il n'y a plus aucun respect pour les poètes ni pour les vrais philosophes. Défense absolue de rêver dans les bois, au pied d'un chêne. On m'a dit : — « Vous êtes un vagabond. » — Homère, Ésope et le fils du Charpentier aussi en ont été chacun un. — « Vous n'avez pas de domicile? » —Bias n'en avait pas. — « Vous mendiez? » — Eh bien, et le Camöens? — « Vous vivez en dehors de l'ordre social? » — Permettez! Quand je possédais deux cent mille francs, l'ordre social était enchanté de mon désordre, puisqu'il en profitait. En ce moment, on me dit : « Tu n'as plus le sou ? c'est un crime. » A la vérité, en guise de correctif, me sachant paresseux comme une couleuvre, on ajoute : « Pourquoi ne travailles-tu pas ? Le travail est un trésor. Le travail te ferait vivre. » Pourquoi ne m'a-t-on pas

tenu ce langage-là, quand j'étais riche? Dans ce
temps-là, je pouvais être paresseux tout à mon aise,
et je l'étais. Ce n'était ni un crime, ni un délit, ni
une faute; c'était même une sorte d'honneur. — « Un
homme qui travaille de ses mains ou de sa tête,
fi donc! » disaient les belles dames, d'abord, et, en
effet, au sommet de la société française, arrangez-
vous comme il vous plaira, le travail est vilipendé et
la paresse honorée. Cent mille faits sont là pour le
prouver. Ah ! je sais bien que les cinq codes, d'accord
en cela avec la morale, font tout ce qu'ils peuvent
pour anoblir l'idée du travail, mais ici je ne parle que
des mœurs du beau monde, de nos usages, de nos
travers, de nos vices, de nos faiblesses; tout cela est
en faveur de l'homme qui ne fait rien. J'ai été et je
suis encore cet homme-là. On m'a mis en cellule,
à la Conciergerie, parce qu'un agent de la sûreté,
obéissant à son devoir, m'a arrêté, à la nuit tom-
bante, au bois de Boulogne, rêvant au pied d'un
chêne. Une chose curieuse à dire, c'est que nous n'a-
vions tort ni l'un ni l'autre. Lui, il obéissait à sa
consigne ; moi, je me bornais à rêver. Je rêvais à
mes souvenirs, à la fortune perdue, à la nuit étoilée,
aux bouts de cigares que je trouverais dans le bois.
Eh bien, je suis au clou à cause de ces choses-là.
Suis-je donc bien coupable ?

LE GEOLIER. — Ça, ce n'est pas mon affaire. On m'a

recommandé de vous surveiller et je vous surveille solidement, je vous prie de le croire.

ROSSIGNEUX. — Et vous prenez un soin bien inutile. Pourquoi cette surveillance ? Je me trouve ici comme un coq en pâte. J'ai un gîte, un lit, des meubles, un domicile politique, des gens pour me servir et pour me répondre, vous, tout le premier. Est-ce que ce n'est pas préférable à la vie de chien errant que je menais à travers les rues et les bois ? On m'apporte à manger, à moi, dont les deux repas étaient une double utopie. Hier au soir, j'ai eu un excellent potage à la Rumfort. Trois feuilles de chou nageant dans un bouillon quelconque. Est-ce que les juliennes du café Anglais sont bien supérieures ? Je serais pour la négative. J'ai du pain, de la viande, un peu de vin. Suivant Balbi, il y a cinq cents millions d'habitants du globe, mâles et femelles, qui n'ont pas le quart de tout cela, chaque jour. Et mes nuits sont aussi belles que mes jours sont calmes ! Du remords ? Comment en aurais-je puisque je n'ai aucun crime sur la conscience et aucune pénalité à redouter. Allez ! vous perdez votre temps à me surveiller.

LE GEOLIER. — Possible, mais c'est demain que l'on vous met dans le panier à salade pour vous conduire au Palais de justice, devant l'*avocat bécheur* (le procureur de la République).

ROSSIGNEUX. — Comme on voudra.

SCÈNE III.

La Police correctionnelle.

M. LE PRÉSIDENT. — Vous avez été arrêté la nuit couché sur la voie publique, et vous n'avez pu indiquer aucun domicile?

LE PRÉVENU. — Je n'étais pas couché sur la voie publique, puisque j'étais au pied d'un arbre, au bois de Boulogne.

M. LE PRÉSIDENT. — Précisément, vous ne deviez pas dormir là, à pareille heure.

LE PRÉVENU. — Il faisait très chaud, et j'aime à dormir au frais.

M. LE PRÉSIDENT. — Quand on vous a interrogé, vous n'avez pu indiquer de domicile.

LE PRÉVENU. — Je l'aurais bien pu, mais je n'ai pas voulu.

M. LE PRÉSIDENT. — Pourquoi n'avez-vous pas voulu?

LE PRÉVENU. — Parce que je suis mangé de créanciers qui sont toujours à me scier; j'ai déménagé dernièrement pour qu'ils ne me trouvent pas, et je n'ai pas envie de leur donner mon adresse.

M. LE PRÉSIDENT. — C'est un conte que vous nous faites là; les agents n'ont rien de commun avec vos créanciers... Si vous avez un domicile, vous pouvez l'indiquer ici.

LE PRÉVENU. — Pas si bête! il n'y aurait qu'à avoir un de mes créanciers dans la salle.

M. LE PRÉSIDENT. — Je crois, en effet, que vous seriez fort embarrassé de me dire où vous demeurez... Vous n'avez pas plus de profession que de domicile.

LE PRÉVENU. — Je vous fais bien des excuses de vous démentir, mais je travaille toute la journée.

M. LE PRÉSIDENT. — Que faites-vous? Vous n'avez pas pu le dire aux agents.

LE PRÉVENU. — Parce que je ne leur reconnaissais pas le droit de m'interroger ; vous, c'est différent, je vous y autorise.

M. LE PRÉSIDENT. — Eh bien, voyons, parlez.

LE PRÉVENU. — Je fréquente le Palais-Royal, les boulevards, les Champs-Élysées et je ramasse les bouts de cigares.

M. LE PRÉSIDENT. — Et vous appelez cela un état?

LE PRÉVENU. — Tout ce qui fait gagner de l'argent honnêtement, c'est un état.

M. LE PRÉSIDENT. — Vous ne gagnez pas d'argent par ce moyen.

LE PRÉVENU. — Bien sûr qu'il n'y a pas de quoi rouler carrosse, mais ça nourrit son homme... Je vends tous ces bouts de cigares à des amateurs qui fument la pipe... La régie leur vend le tabac 4 fr. la livre, moi je leur donne le mien pour 2 fr. : ils y gagnent, et moi aussi.

M. LE PRÉSIDENT. — Le tribunal ne peut admettre un pareil moyen d'existence.

LE PRÉVENU. — J'en ai encore un autre : je me promène tout le long de la rivière pour rattraper ceux ou celles qui se noieraient en se baignant, ou par désespoir d'amour.

M. LE PRÉSIDENT. — Je vois que votre vie est une longue promenade.

LE PRÉVENU. — Sans doute, mais elle est utile à mes concitoyens.

M. LE PRÉSIDENT. — Avez-vous déjà sauvé quelques personnes ?

LE PRÉVENU. — Pas encore... C'est comme un fait exprès, on ne se noie plus.

Le tribunal condamne Rossigneux à trois mois d'emprisonnement.

ROSSIGNEUX. — Du potage à la Rumfort pendant quatre-vingt-dix jours de suite, quelle noce ! Et je pourrai rêver tout à mon aise à la dame au lilas blanc. Quelle volupté !

XXII

AU BOUT DE SIX MOIS

PERSONNAGES :

FRANCIS Z***, quart d'agent de change.
LUCIA, sa femme.

La scène se passe dans la salle à manger.

LUCIA, *en prenant des sardines.* — Francis, je ne suis pas contente de vous.

FRANCIS, *en prenant du beurre.* — La raison ?

LUCIA. — Pour la première fois, en vous adressant à moi, vous vous êtes servi de paroles qui ne sont pas de celles qu'un galant homme fait entendre à sa femme.

FRANCIS, *en prenant du sel.* — Que vous ai-je donc dit ?

LUCIA. — Tàchez de vous le rappeler.

FRANCIS. — Ma foi, je n'y suis pas, moi.

LUCIA. — C'était dans la chambre à coucher. Je vous demandais où vous aviez passé votre soirée d'hier. Alors vous m'avez dit... (*Elle sanglote.*)

FRANCIS, *en croquant un radis rose.* — Eh bien, que vous ai-je dit? Répétez-le!

LUCIA, *en pleurant.* — Vous m'avez dit : « Est-ce que tu vas longtemps me *raser* avec tes questions? »

FRANCIS. — Ah! voilà tout!

LUCIA, *en s'essuyant les yeux.* — N'est-ce donc pas assez? Comment! après six mois d'un mariage qui avait commencé par la plus belle des lunes de miel! (*Elle se remet à sangloter.*) Ah! Francis!

FRANCIS, *prenant la carafe.* — Voilà bien du bruit pour un malheureux verbe actif qui court tout le long des boulevards! Le diable m'emporte si je ne m'imaginais pas, à t'entendre, t'avoir traitée, par mégarde, comme une danseuse de corde!

Trois minutes s'écoulent. — La bonne sert les côtelettes.

LUCIA. — Allons, c'est bien, Marianne. Si l'on a besoin de vous, on vous sonnera. (*La bonne sort.*)

FRANCIS, *en prenant de la moutarde.* — A propos, madame, puisque nous sommes en train d'apurer nos comptes, écoutez un petit reproche d'ami.

LUCIA. — Qu'y a-t-il?

FRANCIS. — Chose inadmissible chez une jeune femme, vous vous négligez, ma chère.

LUCIA. — Ah! par exemple!

FRANCIS. — Depuis cinq jours, vous vous montrez toute la matinée et une partie de l'après-midi sans vous être fait peigner, en papillotes, ce qui est un solécisme de la toilette.

LUCIA. — La femme de chambre a toujours beaucoup à faire, le matin.

FRANCIS. — Il n'y a plus que des fleurs fanées dans les aiguières. Les cahiers de musique sont disséminés partout. Notre griffon a l'air d'un poète élégiaque qui meurt de faim.

LUCIA. — Commandez aux domestiques de veiller à tout cela, mon cher.

FRANCIS, *en revenant au cresson*. — Entre nous, vous avez de fort jolis pieds : on les prendrait pour vos mains. Vous n'ignorez pas combien j'en raffole. Pourquoi donc êtes-vous désormais si mal chaussée?

LUCIA. — Cela vient de ce que ma belle-mère, votre charmante maman, m'a donné une mauvaise faiseuse.

FRANCIS, *en attaquant une pêche de Montreuil*. — Enfin j'ai remarqué que, peu soigneuse de votre dignité, vous laissez traîner sur la table de toilette, sur la cheminée et jusque sur les fauteuils, les lettres d'invitations et les billets qu'on vous envoie. Ça, c'est un manquement grave.

LUCIA, *révoltée*. — Voulez-vous donc que j'aie l'air

d'un bas-bleu, toujours préoccupée de paperasses?

FRANCIS, *en attirant à lui la tasse à café.* — Ah! vous aviez plus de tendresse, il y a six mois, pour les pattes de mouche que je vous adressais!

Cinq minutes se passent. — On sert le café. — Francis prend un journal et y jette les yeux.

LUCIA. — Tout à l'heure vous grondiez comme un ouragan; à présent, vous riez. Peut-on vous demander quelle est la cause d'une hilarité si subite?

FRANCIS. — Chère amie, c'est que cela vient comme à point nommé.

LUCIA. — Quoi donc?

FRANCIS. — Une petite machine, ni prose, ni vers, que je trouve dans ce journal.

LUCIA. — Sur quoi?

FRANCIS. (*Il rit derechef.*) — Eh! pardieu, sur notre situation même.

LUCIA, *avec empressement.* — Lisez-moi donc ça, cher ami.

FRANCIS, *après s'être essuyé la bouche.* — Volontiers. (*Il lit.*)

LES DEVOIRS DU MARIAGE.

Le jour où l'on nous mari.................. ...... A
Je m'en souviens, monsieur l'ab............... B
Nous dit d'un air fort compa........ C
Enfants, il faudra vous ai.................... D

Madame, vous obéir........................... E
A votre époux, à votre che................ F
Pour qu'il ne puisse pas chan............. G
Et pour éviter qu'il vous l'................. H
Ayez toujours l'air très gent............. I
Montrez toujours un front pur qui rou......... J
Évitez tous les mauvais.................. K
C'est ainsi que toujours près d'............. L
Attachant son époux qui l'................ M
Une femme évite sa. .... N
S'il lui tourne pourtant le d............. O
Et s'il se met à la trom................ P
Qu'elle ne se juge pas vain.............. Q
Qu'elle lui montre meilleur............. R
Et l'enchaîne par la tendr.............. S
Qu'en lui voyant tant de bon............ T
Il en devienne tout conf............... U
Son amour sera retrou.................. V
Le ménage aura le beau f............... X

LUCIA. — Ça s'arrête à l'X ?

FRANCIS. — Mon Dieu, oui. (*Avec intention.*) Que dites-vous de l'ensemble ?

LUCIA. — Je dis que c'est l'œuvre d'un homme. Ah ! si les lions savaient peindre ! Ah ! si des femmes s'exerçaient à faire de ces bêtises là, quel rôle elles vous y donneraient, messieurs !

XXIII

UN CAS D'INÉLIGIBILITÉ

Au commencement de 1849, la Constituante, un peu avant de se retirer, éprouva le besoin de refondre la loi électorale. Il s'agissait de stipuler dans quelles conditions le suffrage universel, alors naissant, aurait à nommer les députés à la future Législative.

Dès ce moment, messieurs de la droite, cauteleux comme toujours, cherchaient à mettre des bâtons dans les roues du char de la jeune République. Tantôt par voie de propositions, tantôt par voie d'amendements, ils s'efforçaient d'introduire dans la loi nouvelle le plus possible de cas d'indignité.

— Écartons les candidats ! disaient-ils.

D'après leur système, pour avoir désormais le droit de représenter le pays, il fallait être un ange de pureté ou un millionnaire.

Pierre Leroux imagina alors de critiquer leur tactique.

En vrai philosophe rompu aux allures de Socrate, qui a été, vous le savez, le plus moqueur des Athéniens, le Montagnard présenta, lui aussi, un article additionnel à la loi électorale. Il y était dit, en termes exprès, que tout citoyen qui aurait été convaincu du délit d'adultère ne pourrait être ni électeur, ni éligible.

À la première lecture, cette proposition souleva dans la salle un immense éclat de rire. MM. du côté droit, alors fort damerets, trouvaient la chose aussi bizarre qu'inadmissible. Eux qui, pour la plupart, passaient pour des coureurs de ruelles, ils supposaient que cette disposition était une flèche de Parthe plus spécialement dirigée contre eux par un des hommes de la Révolution démocratique et sociale.

— Mais, avec une telle loi, disait-on, Mirabeau, s'il ressuscitait, ne pourrait pas être réélu, ni notre illustre B*** non plus.

En dehors de la Chambre, un homme à bonnes fortunes, un comte d'aventure, que les hasards de la politique devaient faire probablement duc, s'écriait :

— Est-ce que ce n'est pas contre moi qu'est dirigée cette machine de guerre ?

Cependant Pierre Leroux monta à la tribune. Armé d'un courage héroïque, il continua à *y faire la bête*. Il parla de moralité. Il dit qu'il était temps de protéger la sainte institution du mariage, — et l'amendement fut voté.

Tout le monde sait qu'il fait encore partie intégrante de la loi, — puisque cette loi n'a pas été abrogée.

Mais, à dater du vote, il se passa dans Paris toute une série de scènes du plus haut comique. Ceux des représentants qui voulaient être réélus et beaucoup de candidats nouveaux se disaient :

— Un instant ! Il s'agit de prendre garde à soi. Plus d'assiduités auprès des femmes, — surtout auprès de celles qui sont jolies.

Presque tous cessèrent d'aller dans le monde ; — presque tous désertèrent les salons et refusèrent toute invitation de soirée ou de dîner en ville.

La vertu se frottait les mains d'aise.

Un candidat très désireux d'arriver à la Chambre, mais qui, néanmoins, se sentait du sang très français dans les veines, imagina pourtant un moyen d'éluder es rigueurs du décret. Il se mit comme les autres à fuir ses relations sociales ; mais, pour se dédommager de cette contrainte, il obtint son entrée dans les coulisses de l'Opéra.

— Là, du moins, pensait-il, ma candidature ne sera plus compromise. Dans les coulisses, il n'y a pas d'adultère. Les coups de canif ne comptent pas.

Ces dames du corps de ballet sont libres comme l'air, tout le monde sait ça.

Il rencontra alors une jeune danseuse un peu en vedette, que nous appellerons, si vous voulez bien, mademoiselle Daphné, traduction grecque du mot Laure, Laura, Feuille-de-Laurier.

Leur roman fut le roman de tout le monde.

Ils s'aimèrent un peu, — beaucoup, — passionnément, — puis, pas du tout.

Un jour, la sylphide reprit son vol d'un autre côté et le candidat délaissé se mit à soigner sa candidature.

FEUILLE-DE-LAURIER. — Il paraît, mon petit, que vous tenez décidément plus à la politique qu'à l'amour.

LE CANDIDAT. — Belle enfant, je tiens aux deux.

FEUILLE-DE-LAURIER. — Eh bien, comme je n'ai jamais eu de goût pour le partage, j'ouvre mes ailes de papillon et je m'envole vers les artistes.

LE CANDIDAT. — Bon voyage.

Il ne songeait plus en rien à cet épisode de ses amours, quand, un soir, en rentrant chez lui, il trouva un billet à son adresse qui contenait ces mots :

« MONSIEUR LE CANDIDAT,

» M. B..., mari de mademoiselle Daphné, de l'O-
» péra, a eu l'honneur de se présenter chez vous au-
» jourd'hui, et il espère que vous voudrez bien lui
» accorder pour demain un instant d'entretien. »

Le candidat demeura stupéfait.

— Un mari ! Qui diable savait qu'elle avait un mari ? Eh ! j'étais venu précisément à elle, parce que je croyais qu'elle n'était pas mariée ?

Cette révélation était donc un coup de foudre.

Dès qu'il se fut remis de son premier trouble, il courut aux informations, et il apprit que mademoiselle Feuille-de-Laurier ou Daphné, comme on voudra, semblable à beaucoup d'autres danseuses, figurait au théâtre sous son nom de demoiselle. Il y avait cinq ans qu'elle était mariée à un certain B..., mais en apparence seulement, puisqu'il y avait eu séparation amiable à peu près au lendemain des noces. Le mari ne s'était plus montré.

Cette séparation était donc bien nette, mais comme elle n'avait pas été prononcée judiciairement, le mari n'en conservait pas moins tous ses droits. A toute heure du jour ou de la nuit, il pouvait réclamer la protection de la justice. Il lui était loisible de se faire ouvrir par un commissaire de police la porte de l'appartement de sa femme, en disant :

— Me voilà ! C'est moi, le maître de céans !

Qu'on juge de l'effroi que dut éprouver le candidat en apprenant toutes ces particularités. — Un mari réel et plein de menaces !

Le lendemain, comme il était chez lui, sa tête dans les mains, M. B*** se présenta, grave et un peu cavalièrement.

LE MARI. — Monsieur, vous devinez sans doute le motif qui m'amène ?

LE CANDIDAT. — Je désire, monsieur, que vous vous expliquiez plus clairement.

LE MARI. — Eh bien, je viens au sujet de mademoiselle Feuille-de-Laurier, ma femme. J'ai trouvé chez elle une douzaine de lettres signées de votre nom.

LE CANDIDAT. — J'ignorais que mademoiselle Daphné fût mariée, monsieur; c'est votre billet qui m'a dévoilé ce secret.

LE MARI. — Il n'y a aucun secret à un mariage qui a été publiquement célébré, et votre cas est sans excuse, monsieur le candidat.

LE CANDIDAT. — Je ne m'excuse pas. Je suis prêt à vous accorder une réparation, si vous la désirez.

LE MARI. — Et vous me laissez le choix des armes, n'est-ce pas ?

LE CANDIDAT. — C'est votre droit de mari, monsieur.

LE MARI. — Eh bien, mon arme, c'est le Code pénal; mes témoins, un avocat et un avoué; mon terrain, le Palais de justice, et mon heure vous sera signifiée sur papier timbré par un huissier assermenté.

LE CANDIDAT. — C'est-à-dire qu'il ne s'agit pas de duel, mais d'un procès à scandale ?

LE MARI. — Sans doute, car le duel serait chanceux, tandis que le procès est sûr. Vos lettres éta-

blissant le délit d'adultère, je gagnerai infaillible-
ment. Je vais donc déposer ma plainte chez le procureur de la République.

Mais ici le candidat se gratta l'oreille et parla d'arrangement. — Un arrangement vaut toujours mieux
que le meilleur procès.

Un arrangement ! Le mari, jouant l'homme délicat,
ne voulait d'abord pas y entendre, mais il finit par se
dérider et par se décider.

LE MARI. — Mais, la pensée de ce procès m'a été
suggérée par vos ennemis politiques, fort gênés
par votre candidature ; ils m'offrent dix mille francs
pour vous faire condamner. Si vous me faites les
mêmes avantages, je ne donne pas suite à la
plainte.

Hélas ! c'était cher, mais ce fut marché fait, séance
tenante.

Cependant, le plus piquant de l'aventure, c'est que
quelques jours plus tard, l'infortuné candidat reçut
un supplément d'informations au sujet du mariage
de la danseuse.

On lui apprit que mademoiselle Feuille-de-Laurier
était, en effet, mariée légitimement, mais que son
mari, M. B***, était depuis longtemps à Buenos-Ayres,
où il avait établi sa résidence. — Il y faisait un commerce de viande salée.

Celui qui s'était présenté était un faux mari, un

chevalier d'industrie qui, ayant fait aussi la cour à la danseuse, lui avait enlevé les lettres du candidat. — Ces jolis messieurs volent tout à ces dames.

Telles ont été les conséquences immorales de la plus morale de toutes les lois.

XXIV

LA LETTRE DE RECOMMANDATION

PERSONNAGES :

LE COMTE ANNIBAL DE TRUFFENOIR, sénateur.
LE MARQUIS DE RAISINAY, chef de bureau, aux Beaux
Arts.
LE BARON DE LA BORDURE, fonctionnaire quel-
conque.
SON EXCELLENCE X***, ministre de n'importe quoi.
JEAN PÉRINEL, solliciteur de Fouilly-les-Oies.
JOSEPH, valet de chambre du comte.
UN VIEUX GARÇON DE BUREAU.

SCÈNE PREMIÈRE.

Un hôtel du boulevard Malesherbes. — Dix heures du matin. —
Le comte Annibal de Truffenoir, sénateur bien pensant, en
pantoufles et en robe de chambre, examine une carte qu'on
vient de lui remettre.

LE COMTE. — Joseph, vous dites que c'est un tout
jeune homme ?

LE VALET. — Encore imberbe, monsieur le comte.

LE COMTE, *lisant*. — «Jean Périnel »... je connais ce nom-là !... Pour sûr, ce doit être un compatriote de Fouilly-les-Oies. Que je suis donc simple ! Je me rappelle fort bien à présent : Jean Périnel, c'était celui de mes camarades qui était plus fort que moi en grec et en cheval fondu. (*Au valet.*) Joseph, faites entrer le petit monsieur.

Paraît Jean Périnel, jeune Tourangeau blond, grand, un peu gauche et se courbant en deux pour saluer. — Il est mis en gandin de petite ville.

LE COMTE. — Vous êtes M. Jean Périnel ?

JEAN PÉRINEL, *souriant*. — Oui, monsieur le sénateur.

LE COMTE. — Le petit-fils de Jean-Achille Périnel, le sujet de ma classe le plus fort au cheval fondu ?

JEAN PÉRINEL. — J'ai lieu de m'en vanter, monsieur le sénateur.

LE COMTE, *prenant un air solennel*. — Mon jeune compatriote, que puis-je faire pour vous ?

JEAN PÉRINEL. — Tout, monsieur le comte.

LE COMTE. — Mais encore précisez, dites ce que vous désirez.

JEAN PÉRINEL. — L'autre jour, quand j'ai été sur le point de quitter Fouilly-les-Oies, avec mon diplôme de bachelier ès-lettres dans ma malle, les notables de l'endroit m'ont dit : — « Il n'y a pas à t'inquiéter de l'avenir, petit. Aussitôt arrivé à Paris, va-t'en trouver le comte de Truffenoir, le patron de notre arrondissement ; c'est un gentilhomme qui a le bras long. Il te procurera une place aussi facilement qu'il boirait un verre d'eau. »

LE COMTE. — Une place ! Je sais bien qu'en parlant de moi, ils n'ont pas d'autre mot à la bouche. J'ai déjà, en effet, casé cinquante-cinq de mes compatriotes ; mais, pourtant, je ne crois pas que Paris ait été créé pour servir d'exutoire à Fouilly-les-Oies ! Et puis, il y a terme à tout. (*Revenant au visiteur.*) De quoi vous sentez-vous capable ?

JEAN PÉRINEL. — Ma foi, je ne sais pas au juste, monsieur le sénateur.

LE COMTE. — Toujours la même chose. Ils ne savent jamais. Enfin, nous allons voir tout de même. Que savez-vous faire ?

JEAN PÉRINEL. — Rien, monsieur le sénateur.

LE COMTE. — Évidemment c'est un titre, mais il ne faut pas en abuser. (*Il a l'air de réfléchir.*) — Où vous mettre ? Au fait, le petit-fils d'un homme qui excellait au cheval fondu devra bien faire aux Beaux-Arts. Cela vous sourit-il d'entrer aux Beaux-Arts ?

JEAN PÉRINEL. — Je serai fort bien partout où M. le sénateur voudra bien me caser.

LE COMTE. — Cette réponse, jeune homme, me fait voir que vous avez les aptitudes nécessaires pour toujours manger au budget. Ce sera donc encore une bonne note à votre actif. Mais, voyons, allons au fait. Nous faisons décidément une sortie en règle sur les Beaux-Arts. (*Il se cogne le front.*) A qui donc vous adresser ? Tiens, pardieu ! au joli petit marquis de Raisinay.

JEAN PÉRINEL. — Un homme de cheval, je crois ?

LE COMTE. — Vous l'avez dit : un de nos sportsmen les plus distingués. Toujours le premier et le dernier aux courses de La Marche. Raison pour laquelle il est, sans en avoir l'air, tout-puissant au département des musées. (*Il prend du papier, une plume et de l'encre.*) Ah çà ! que vais-je lui écrire ! (*Un petit temps de silence.*) Non, non, ce n'est pas moi qui écrirai. Nous allons, si vous le voulez bien, en revenir au vieux jeu de l'ancien régime. Mettez-vous là, jeune homme.

JEAN PÉRINEL. — Tout à vos ordres, monsieur le sénateur.

LE COMTE. — Vous allez tracer vous-même la lettre que je vous dicterai.

JEAN PÉRINEL, *d'un air entendu* :

Je chantais, Homère écrivait.

LE COMTE. — Un vers d'il y a deux cents ans. Vous êtes frotté de littérature? Vous citez Boileau ? A la bonne heure ! il n'avait rien de révolutionnaire, celui-là.

JEAN PÉRINEL. — J'y suis tout à fait, monsieur le sénateur.

LE COMTE, *dictant :*

PARIS, 3 *mars* 1878.

« CHER MARQUIS,

» Cette lettre n'est qu'à demi mon fait ; si elle est dictée par moi, elle est écrite par la personne même qui vous la remettra en mains propres. C'est M. Jean Périnel, un de mes compatriotes de Fouilly-les-Oies. Petit-fils d'un de mes camarades de collège qui l'emportait toujours sur moi au cheval fondu, ce jeune homme très lettré, très actif, est, sans contredit, appelé à un bel avenir. Je crois vous faire un véritable présent, en vous le recommandant pour le premier emploi vacant à l'administration des Beaux-Arts. Au besoin, je serais autorisé par son mérite à vous demander de mettre le premier venu à la porte, afin de lui donner sa place sans retard.

» En tout cas, je regarderai comme un service personnel tout ce que vous voudrez bien me faire pour mon jeune protégé.

» Mille remerciements d'avance, cher marquis, et, en même temps, mes meilleurs compliments. »

LE COMTE. — Eh bien, comment trouvez-vous ça ?

JEAN PÉRINEL. — Je suis confus, monsieur le sénateur. En vérité, c'est cent fois plus que je n'aurais osé espérer.

LE COMTE. — Ah! dame, voilà comment nous sommes, nous autres, de Fouilly-les-Oies. Le cœur sur la main... Ah! il y a quelque chose à ajouter, vous savez, un *post-scriptum*.

Tandis que le solliciteur s'éloigne un peu, par politesse, M. Annibal de Truffenoir ajoute de sa main ce qui suit :

« Pas de bêtise, marquis ; vous avez bien compris que, pour vous faire une telle lettre, j'avais le pistolet sur la gorge. Débarrassez-vous de cet imbécile de Fouilly-les-Oies comme vous l'entendrez. »

Il met ensuite la lettre sous enveloppe, la cachète solidement à la cire rouge et, en la rendant au jeune provincial :

— Il ne vous reste plus qu'à porter ce papier à son adresse.

JEAN PÉRINEL. — Monsieur le sénateur, comment pourrai-je reconnaître ce que vous faites pour moi?

LE COMTE, *avec un bel air de Tartuffe*. — Mon enfant, la suite de tout cela regarde le marquis.

SCÈNE II.

Le lendemain, chez le marquis de Raisinay.

LE MARQUIS. — Une lettre de mon excellent ami, le comte de Truffenoir ! Toujours bien venue. (*A part.*) — Qu'est-ce qu'il me veut encore, ce vieil animal? (*Il chausse son binocle sur son nez et cherche à lire.*)

JEAN PÉRINEL. — Monsieur le marquis, c'est une recommandation.

LE MARQUIS, *après avoir lu.* — Bon ! bon ! j'y suis ! (*Au solliciteur.*) Attendez un peu : je vais apostiller votre demande et vous la porterez au baron de la Bordure, duquel tout dépend. (*Il prend une plume et ajoute très rapidement :*)

« Mon cher, on m'envoie ce coquecigrue, je vous le renvoie. Tirez-vous de là comme vous pourrez.

» MARQUIS DE RAISINAY. »

SCÈNE III.

Le lendemain, chez le baron de la Bordure.

LE BARON. — Monsieur Jean Périnel, vous pouvez vous flatter d'être chaudement appuyé. Eh bien, un moment : je vais vous adresser à mon camarade. Son

Excellence X..., le ministre. Vous verrez quel accueil
il vous fera !

JEAN PÉRINEL. — Ah ! monsieur le baron, quelle re-
connaissance !

LE BARON. — C'est à Son Excellence que vous
adresserez vos remerciements.

SCÈNE IV.

Le lendemain, chez le ministre de ***.

LE MINISTRE. — Voilà le 333ᵉ benêt qu'on me re-
commande depuis deux jours. Je suis sur les dents.
Ma foi ! que le diable les emporte tous !... (*Au solliciteur.*) Monsieur, je vous promets que, sous six
mois, à la prochaine vacance, on s'occupera de vous.

Au moment où Jean Périnel va sortir, une voix l'appelle ; c'est
celle d'un vieux garçon de bureau entré au ministère en 1850,
et qui a son franc-parler.

— Une lettre de recommandation ! oh ! mon pauvre monsieur, comme ils se fichent tous de vous !

XXV

ARGILE, GRENOUILLE OU SINGE

PERSONNAGES :

PETRUS DUVAL, peintre.
L'IDÉALISTE.
LE DARWINISTE.
L'AMATEUR DES GRENOUILLES.
FLAVA, modèle.

SCÈNE PREMIÈRE.

La scène se passe dans l'atelier de Petrus Duval.

PETRUS DUVAL. — Pourquoi partir si vite? Restez donc encore dix minutes.

L'IDÉALISTE. — Pourquoi?

PETRUS DUVAL. — Pour me laisser le loisir de vous faire voir un chef-d'œuvre.

LE DARWINISTE. — Un chef-d'œuvre de vous?

PETRUS DUVAL. — Non, de la nature. Une femme, mais d'une beauté... Je ne vous dis que ça!

L'AMATEUR DES GRENOUILLES. — Une jolie femme? Ça me regarde, moi!

En ce moment, on entend un peu de bruit dans l'antichambre qui précède l'atelier. — La draperie se soulève. — Paraît une femme.

SCÈNE II.

PETRUS DUVAL. — Ah! la voilà! C'est bien elle! — Bonjour, Flava.

FLAVA, *en défaisant une pelisse.* — Bonjour, ma vieille branche.

L'IDÉALISTE. — Il n'a rien dit de trop. Elle est charmante.

LE DARWINISTE. — Je répéterais presque le cri des vieillards Troyens à la vue d'Hélène : « Qu'elle est belle! »

L'AMATEUR DES GRENOUILLES. — Il n'y a jamais eu de visage retraçant avec plus de fidélité le dessin de l'admirable famille des Batraciens.

FLAVA, *bas, au peintre.* — Ah ça, qu'est-ce que c'est que ces trois *birbes* et qu'est-ce qu'ils chantent?

PETRUS DUVAL, *de même.* — Attends un peu et tu vas le voir. Je les ai fait rester ici, à cause de toi. Sans s'en douter, ils vont te donner une leçon de haute philosophie.

FLAVA, *pouffant de rire*. — Une leçon de haute philosophie, pour moi? Elle est bien bonne celle-là !

PETRUS DUVAL. — Messieurs, souffrez que madame se mette à demi nue.

TOUS LES TROIS. — Mais, comment donc ! Qu'elle ne se gêne pas !

FLAVA. — Ah ! ce n'est pas à blâmer, allez ! c'est pour mon métier de poseuse. (*Elle commence à se dévêtir.*)

PETRUS DUVAL. — En effet, pour le quart d'heure, madame me sert pour mon tableau : *Borée enlevant Orythie*. Bien entendu, elle est la Nymphe enlevée. Sujet tiré des mythes grecs.

L'IDÉALISTE. — La sempiternelle mythologie !

LE DARWINISTE. — Quand l'humanité se débarrassera-t-elle de toutes ces fables?

L'AMATEUR DES GRENOUILLES. — Jamais. Tant que la réalité aura besoin d'être embellie par des fanfreluches, l'homme s'amusera aux bagatelles de la mythologie.

FLAVA, *à moitié nue, au peintre*. — Où faut-il me placer, mon petit trognon ?

PETRUS DUVAL. — Là, à gauche. La tête renversée, dans la posture de l'effroi, parce que le dieu ravisseur a déjà porté une main profane sur ton bras d'albâtre.

L'IDÉALISTE. — Ah ! l'heureux dieu !

LE DARWINISTE. — Un friand, ce Borée !

L'AMATEUR DES GRENOUILLES. — Ce dieu voleur des belles femmes se retrouve pourtant dans la légende de tous les peuples.

PETRUS DUVAL, *bas à Flava*. — Bon ! voilà que ça commence. Ouvre bien tout ce que tu as d'oreilles. Tu vas en entendre de belles.

FLAVA, *souriant*. — Bon, j'y suis. Qu'ils y aillent donc !

PETRUS DUVAL, *toujours à demi-voix*. — Un petit préambule. Il faut bien que je fasse un boniment pour que tu comprennes toutes les billevesées qu'ils vont émettre. (*Haussant la voix*.) — Messieurs, mon prodigieux modèle nous ramène à la création de l'homme, n'est-ce pas ? L'homme a-t-il été fait du premier jour tel qu'il est ou bien a-t-il mis vingt siècles à progresser ? Où l'on cherche à tout apprendre, cette âpre question se ramifie en trois systèmes. Premièrement, les spiritualistes répondent : « — L'homme vient d'un bloc de terre glaise d'où l'a tiré, il y a six mille ans, le Jéhovah de la Genèse. » Secondement, les sectateurs du docteur Schiltz disent tout haut : — « L'homme vient directement de la grenouille. » Troisièmement, les disciples de plus en plus nombreux de l'Anglais Darwin écrivent carrément : — « L'homme est l'arrière-petit-fils du singe. » — Vous êtes chacun une des lumières de ces trois Écoles. Que pensez-vous de la chose ?

L'AMATEUR DES GRENOUILLES. — Pour moi, je pense
que le spiritualisme est un enfantillage qui a fini son
temps. Pendant une longue série de siècles, n'ai-
mant pas beaucoup à disserter sur ce thème, le genre
humain a adopté, les yeux fermés, le mythe du bloc
d'argile. Michel-Ange a même traduit cette croyance
de nos ancêtres par un tableau des plus imposants.
Au premier plan, on y aperçoit le Jéhovah de la Bi-
ble. Il est représenté sous la figure d'un vieillard en
tunique bleue, ayant au menton une longue barbe
d'argent. D'un geste, ce créateur des mondes pétrit
sur sa propre silhouette une motte de terre et l'a-
nime. De là sort brusquement le premier homme,
sans autre matrice, et tout nu : (*Dieu créant le premier homme.*) Encore une fois, le tableau en question
est un chef-d'œuvre de haute conception, et, vu le
nom de l'auteur, nul n'en sera étonné. Mais, après
examen, le plus ignorant est conduit à voir qu'il n'y
a là que de la mythologie pure. En effet, à bien
prendre les choses, cet Adam est déjà proportionné
comme un homme de vingt ans. D'où il suit que le
chef de la famille humaine, exempt des lois qui sont
imposées à tout être créé, n'aurait eu ni enfance ni
adolescence ; il serait parvenu de prime saut à la
maturité de la force physique et de la raison. Denis
Diderot, impitoyable faiseur d'analyse, trouvait cette
scène fort belle, considérée comme objet d'art, mais

il la condamnait formellement au nom de la certitude philosophique, allant jusqu'à dire (sous Louis XV!) qu'elle prêtait à rire. Ce fut même, je crois, en parlant de cette toile avec Voltaire que s'était engagé ce dialogue si empreint de hardiesse :

« DIDEROT. — Ainsi, Dieu a fait l'homme à son image.

» VOLTAIRE. — Et l'homme le lui a bien rendu. »

Mais cette théorie du bloc d'argile est-elle la bonne ? Presque toutes les religions révélées l'offrent aux croyants. Il fut un temps, pas fort éloigné du nôtre, où celui qui eût refusé d'y ajouter foi aurait été brûlé en place publique. Quant à nous, nous n'avons pas à nous prononcer sur cette fable ; nous n'avons qu'à dire que, fort poétique dans la forme, elle est, au fond, à peu près abandonnée de tout le monde, les idéalistes exceptés.

L'IDÉALISTE. — Eh ! dites donc, l'homme aux Batraciens, vous qui bêchez si bien mon système, celui de tous les déistes de tous les pays, souffrez donc que je dise, en passant, mon mot sur le vôtre.

L'AMATEUR DES GRENOUILLES. — Confrère, ne vous gênez pas. Parlez.

L'IDÉALISTE. — Système du docteur Schiltz : — L'homme descendant en ligne directe de la grenouille. En premier lieu, tous ceux qui ont étudié le dessin ont été à même d'apprendre une particularité des plus bizarres. Il s'agit d'une fantaisie de Lavater.

Ce grand chercheur, si longtemps appliqué à l'étude des traits de notre visage, a fait voir combien peu de transitions deviennent nécessaires pour conduire une tête de grenouille jusqu'au profil superbe de l'Apollon du Belvédère, lequel est, dit-on, le beau idéal de la forme humaine. Effectivement, vingt-quatre générations qui se perfectionneraient avec persévérance arriveraient du type du batracien au type de l'Apollon. Granville a fait vingt-quatre dessins pour démontrer l'exactitude de ce calcul. Il y a mieux ; à l'appui de cette assertion, tous les jours on voit des villages, où l'espèce est laide, se corriger, se rectifier, s'embellir progressivement, soit parce qu'on y améliore le régime alimentaire, soit parce qu'on y fait résider une compagnie de dragons. (Voir les *Papiers trouvés aux Tuileries.*)

En imaginant son principe, le docteur Schiltz, de Carlsbad, étant neptunien, prétend que le globe a commencé par être une goutte d'eau. Il en tire cette induction, que ledit globe n'avait d'abord que des habitants aquatiques ; il ajoute que, le jour où une croûte terrestre se fut formée par suite de dessèchement, les premiers hôtes furent de grandes grenouilles, à peu près de la taille de celles qu'on voyait au Châtelet dans les *Pilules du Diable.* — Ce système-là, comme vous le voyez, passe par-dessus l'âge des grands sauriens et des grands mastodontes de Georges Cuvier.

Le docteur Schiltz poursuit en posant une affirma-
tion. Suivant lui, en se polissant, à l'aide des siècles,
— mettez vingt mille ans, au bas mot, — les grenouilles se modifièrent peu à peu de mœurs et finirent par
devenir la maquette de l'homme. Se tenant à cheval
sur ce fait, il soutient qu'Adam et les siens descen-
dent logiquement de la grenouille, et il a l'air de
raisonner très pertinemment là-dessus. Ainsi donc
il ne faut pas que nous soyons trop étonnés si tant
de nos frères ressemblent à des crapauds.

A la longue, la figure s'est un peu arrondie, mais
évidemment nous avons encore les bras et les jambes
de notre origine. C'était, du reste, ce que pensait Gavarni, qui, sur un bocal où il nourrissait deux jolies
petites grenouilles vertes, avait posé cet écriteau :
Rudiment de l'humanité. Nous nageons comme les batraciens. Beaucoup d'entre nous, en fait d'agilité,
ont les mouvements désordonnés de la grenouille.
Nous parlons, nous chantons, nous crions, nous dé-
clamons. Mais y a-t-il une bien grande différence
entre les choses que nous disons et ce qu'on entend,
le soir, sur la marge des marais? On peut répondre
que non.

Il ne faut pas oublier, du reste, que cette hypothèse
n'est pas absolument neuve. Un physicien, fort en
faveur à la cour de Frédéric le Grand, avait déjà pu-
blié quelque chose d'analogue : Maupertuis soute-

nait que le premier homme a été un poisson. C'est
pour cela que notre grand Voltaire, déjà nommé, le
persifle si agréablement dans ses *Facéties* et dans ses
Dialogues.

— Vous verrez, dit-il, que Maupertuis pourra nous
faire, quelque jour, une chanteuse de Naples avec
une anguille.

FLAVA, *indignée.* — Mais, à ce compte-là, monsieur,
je serais une grenouille ou une carpe? Grand merci !

LE DARWINISTE. — Non, madame; vous êtes cent
fois mieux que cela.

FLAVA. — Quoi donc, s'il vous plaît?

L'IDÉALISTE. — Le confrère voudrait, mais il n'ose
pas vous dire que vous êtes une guenon.

FLAVA. — Ah ! par exemple !

PÉTRUS DUVAL, *tout bas.* — Petite cruche, puisque
c'est de la philosophie, ça ne peut pas t'atteindre.
Laisse-les donc dire.

FLAVA. — C'est juste. Allez-y gaiement, messieurs.

LE DARWINISTE. — Qui ne le sait aujourd'hui dans
les deux mondes? le système qui gagne le plus de
terrain au moment où nous voilà, c'est celui de
Darwin, si bien expliqué par Littré, à telles enseignes
qu'on s'efforce, chez nous, de l'attribuer à ce dernier.
On l'appelle le plus communément le transformisme.
M. Alexandre Dumas fils, cédant à l'ascendant de
l'opinion publique, l'a transporté sur le premier théâ-

tre du monde. En effet, quand on va voir jouer *l'Étrangère*, rue Richelieu, on y entend détailler la théorie des vibrions et l'on assiste ainsi à l'exposition des rudiments de la doctrine. Quel âge a la Terre? On voit des géologues qui disent : — Cent mille ans. — En cent mille ans, un polype ou un ver a pu se transformer cent fois, toujours ascensionnellement. De là, messieurs, la merveilleuse femme que nous avons en ce moment sous les yeux.

FLAVA. — Des compliments, et tout à l'heure j'étais la femelle d'un singe !

LE DARWINISTE. — Très belle enfant, vous pensez bien que nous n'allons pas vous exposer ici par le menu la doctrine du Darwinisme, puisqu'il faudrait au moins un in-octavo de trois cents pages pour l'expliquer avec un peu de clarté. Il nous suffira de dire que, marchant un peu sur les brisées de Geoffroy-Saint-Hilaire, le savant anglais ne veut voir dans tous les êtres animés qu'un type unique. Ce n'est point par caprice, sans recherches et sans preuves, qu'il se prend à soutenir que l'homme dérive du singe. D'une part, la ressemblance des formes; de l'autre, l'anatomie, lui fournissent plus d'un genre d'arguments. Il y en a de bien d'autres sortes; le singe étant sociable, comme l'homme, éducable comme lui, doué de l'amour de la famille comme lui, et, comme lui, carnivore et frugivore.

L'IDÉALISTE. — La belle invention !

LE DARWINISTE. — Confrère, en tout cas, l'école de Darwin n'en est qu'à ses débuts, son fondateur étant encore de ce monde. L'étude commencée poursuit ses investigations avec la plus active opiniâtreté. Elle voyage, elle analyse, elle compare, elle médite. Qui vous dit qu'avant un quart de siècle elle n'aura pas résolu victorieusement la question posée ?

PÉTRUS DUVAL, *peignant.* — Toujours des conjectures !

L'AMATEUR DES GRENOUILLES. — Bête pour bête, j'aime autant mes aquatiques que votre singe.

L'IDÉALISTE. — Moi, je m'en tiens à l'argile de la Genèse.

PÉTRUS DUVAL. — Moi, je ne sais pas, mais (*Regardant son modèle*) je me dis que ce chef-d'œuvre ne peut résulter que d'une insufflation de Dieu.

FLAVA, *à part.* — Ils sont tous toqués, ma parole d'honneur !

XXVI

LE BIEN D'AUTRUI NE PRENDRAS

PERSONNAGES :

TIBURCE Lovelace, de Paris.
ROGER, Lion timide et sage.

Un appartement de garçon, rue Caumartin.

TIBURCE. — Entre nous, cher ami, que pense-t-on de moi dans le monde ?

ROGER. — Beaucoup de mal.

TIBURCE. — Bien sûr ?

ROGER. — Laisse-moi t'expliquer. En cela, comme en toutes choses, l'opinion se partage en plusieurs groupes. Les honnêtes gens disent de toi : « Il pousse le libertinage jusqu'à la coquinerie. » Les hommes légers ont une autre manière de s'exprimer : « Eh ! c'est un éhonté, » disent-ils. Quant aux femmes...

TIBURCE. — Ah ! voyons ce que disent les femmes ?

ROGER. — Pardine, elles répètent le refrain que
leur a appris le théâtre de M. Scribe : « Il faut le
fuir, mais c'est un charmant mauvais sujet. »

TIBURCE. — Si cela ne va pas plus loin, il n'y a que
demi-mal. Je supposais qu'on me faisait bien plus
noir !

ROGER. — Attends donc, je ne t'ai pas tout dit.

TIBURCE. — Qu'y a-t-il donc encore ?

ROGER. — Le sentiment de deux ou trois philosophes de salon ; en d'autres termes, la manière de
voir des vrais hommes de cœur.

TIBURCE. — Des Socrates de salon ! Est-il donc vrai
que cette espèce existe ?

ROGER. — Mais sans aucun doute, et très nette-
ment. Rangeons, par exemple, dans cette catégorie,
le peintre Éraste S..., tu sais bien ?

TIBURCE. — Ce vieux paysagiste qui a passé trente
ans pour un *fruit sec !*

ROGER. — Oui, mais à la trente et unième année un
retour de justice s'est manifesté en sa faveur. On a vu
qu'on avait mal jugé, ce qui arrive souvent à la critique et aux masses, et l'on est revenu. A présent,
Éraste, mis enfin à sa place, est tenu par tout le
monde pour un homme de talent, une petite monnaie du Poussin. Les honneurs lui sont venus et le
succès aussi ; c'est-à-dire la fortune. Mais cette réparation tardive n'a rien changé à la simplicité de ses

allures ni à la rigidité de ses principes. Tel il était il
y a un quart de siècle, quand il était forcé de déjeuner avec une flûte d'un sou et un verre de lait, tel il
est aujourd'hui qu'il peut avoir autant de luxe qu'un
baron hébreu. Ce que j'en dis, c'est pour t'indiquer
qu'on doit considérer sa pensée pour juste et son
attitude pour indépendante. Aussi le regarde-t-on
partout comme un oracle.

TIBURCE. — Mais, à ce que je vois, cet oracle ne
m'est pas favorable.

ROGER. — Il t'envisage comme une peste, tout simplement.

TIBURCE. — Comment sais-tu ce détail ?

ROGER. — Pour l'avoir entendu parler de tes aven-
tures, je devrais dire sur tes fredaines.

TIBURCE. — Je conviens que mes romans en action
ont fait quelque bruit.

ROGER. — Beaucoup de scandale, devrais-tu dire.
Toutes les femmes qui ont eu la faiblesse ou la folie
de t'écouter, ne sont sorties de tes bras que fortement éclaboussées. Combien en as-tu eu d'abord ?

TIBURCE. — Je ne sais pas au juste. Jusqu'à vingt-
cinq ans, j'avais jeté les noms sur mon calepin. C'é-
tait trop de casse-tête. J'ai dû y renoncer. Mais, pour
ne rien exagérer, en plus et en moins, arrêtons-nous
au chiffre classique de Don Juan : *mille è tre*, mille et
trois, mon cher.

ROGER. — Eh bien, justement, voilà en quoi Éraste trouve que tu es une peste. Voilà mille et trois têtes folles souillées ; le fait est hors de doute. Et dans le nombre il y a bien des yeux noirs et bleus que tu as fait pleurer, bien des familles que tu as désolées, bien des pères et des mères qui ont eu à renier leurs enfants, des promis qui ont renoncé à leurs promises, des maris qui se sont détournés de leurs femmes, des fils et des filles qui ne prononceront plus avec le même sentiment de respect le nom de leurs mères.

TIBURCE. — En combien de points est le sermon que tu me débites là ?

ROGER. — En mille et trois, c'est toi qui viens de le dire. Le vieux paysagiste est un intrépide faiseur d'analyse. Habitué à vivre en solitaire, il fait usage de son esprit pour étudier le monde, et, rien qu'en un seul coup d'œil, il a mesuré tout le mal que tu as fait autour de nous, dans ce monde qui est le nôtre. A cause de tes fantaisies, on parle de trente-trois séparations de corps, les unes amiablement faites, les autres prononcées par les tribunaux, toutes dégénérant en une publicité outrageante pour tout ce qui t'a approché. Il a vu les cœurs déchirés, les maisons désertes, les intérêts brisés, tout un amoncellement de ruines, et il s'est indigné.

TIBURCE. — Mais s'il est juste, il reconnaîtra que, dans tout cela, j'ai payé ma bonne part.

ROGER. — Oui, quelques mauvais coups d'épée donnés par des maris, une ou deux comparutions en justice ; ton nom imprimé tout vif dans la *Gazette des Tribunaux;* un sobriquet : *le Coq de Paris;* voilà bien à peu près tout. Est-ce que tu prendrais ces piqûres d'épingle pour un châtiment ?

TIBURCE. — On m'a poursuivi de quolibets dans la presse satirique.

ROGER. — On a bien plus plaisanté tes victimes, car c'est là un des travers de l'esprit français, pourtant presque toujours d'accord avec le bon sens, c'est qu'il rend les hommes responsables de la faute des femmes. Mais, au surplus, tu n'as jamais songé sérieusement à te plaindre des épigrammes qu'on pouvait décocher contre toi à propos de tes bonnes fortunes. Bon apôtre ! tu savais bien que ces traits étaient une constatation de ton triomphe et une réclame nouvelle, quelque chose comme un cordon de gaz autour de ton enseigne. Mais je reviens à ce que pense Éraste S... à ce sujet.

TIBURCE. — Eh bien, va plus vite : dis ce qu'il pense.

ROGER. — Il s'écrie : « Un voleur vulgaire me paraît plus honorable que ce coquin-là ! »

TIBURCE, *bondissant de colère.* — Ah ! par exemple !

ROGER. — Tu penses bien que son raisonnement est des plus serrés. Ainsi, revenant à l'épisode de ta dernière escapade, celle qui t'a fait ridiculiser l'a-

vocat Brasseuil, auquel tu as si bien filouté le cœur et
le corps de sa jeune femme, il ajoute : « Peut-être
» ne volerait-il pas une petite cuiller d'argent de cent
» sous avec laquelle on l'invite à prendre le thé, mais
» il fait mieux, puisqu'il a volé à son mari cette petite
» grue que l'autre a follement crue être un trésor.
» Pour la cuiller, s'il passait en cour d'assises, il se-
» rait assurément condamné aux galères ; pour la
» femme, il serait absous, et, le lendemain, on le
» tiendrait partout pour un victorieux, tenant le mi-
» lieu entre Alcibiade et Lauzun. Mais la douceur
» insensée, je devrais dire la pourriture de nos
» mœurs, n'est pas une excuse aux yeux des vrais mo-
» ralistes. Il est clair qu'un tel homme doit être tenu
» à l'écart du monde ni plus ni moins qu'une brebis
» galeuse d'un troupeau. »

TIBURCE. — Décidément ton paysagiste est aussi
éloquent que le père Bridaine, de funèbre mémoire.
Je vole des femmes ! La belle affaire ! Mais pourquoi
les femmes d'aujourd'hui font-elles toutes ce qu'elles
peuvent pour qu'on éprouve le désir de les voler ?
Pourquoi même viennent-elles si souvent à moi, en
me disant comme madame Putiphar au fils de Jacob :
« Allons, vole-moi donc ! » Mais, dame, je ne me
pique pas d'être un Joseph, moi.

ROGER. — Dans tout le réquisitoire que je viens de
prononcer contre toi, chenapan de haute volée, je

n'ai fait que reproduire les arguments de mon paysagiste, stoïcien ferré à glace, tout le monde des arts
le sait bien. Une conséquence rigoureuse, ce sera le
mépris public s'attachant à toi, si tu persistes dans
la posture que tu as prise. Ces dérèglements auxquels
tu te livres de gaieté de cœur auront fini par te faire
passer pour un malfaiteur de la pire espèce et, cette
fois, la rhétorique aura eu pleinement raison. Blâmé
par les meilleurs d'entre nous, haï par le plus grand
nombre, maudit par ceux que tu as fait souffrir, montré au doigt par les uns, méprisé par les autres, est-
ce que tu n'imiteras pas même don Juan, ton patron,
devenu vieux ? Est-ce que tu ne changeras pas de
conduite ?

TIBURCE. — Si fait bien.

ROGER. — A dater de quand ? A dater d'aujourd'hui ?

TIBURCE, *souriant*. — Non, à dater de demain. (*Lui
tendant une lettre.*) Tiens, en t'en allant, rends-moi
donc le service de jeter ce pli à la petite poste : c'est
la réponse à une invitation à dîner que j'ai reçue
pour samedi de Télémaque Roquefol, quart d'agent
de change. Il n'y aura que trois convives : le mari, la
femme... et moi.

ROGER, *à part*. — Aristote a mille fois raison : il n'y
a pas un seul animal qui se corrige de ses mauvais
instincts. (*Exit.*) — Progrès ! tu n'es qu'une mauvaise plaisanterie !

XXVII

LA FOIRE DE SAINT-GERMAIN

C'était une vraie kermesse des Flandres transportée sous les beaux arbres de la forêt de Saint-Germain. Si elle avait beaucoup moins de durée que la fête de Saint-Cloud, elle était, en revanche, cent fois plus bruyante. Un bon quart du bois lui était attribué. On la divisait donc en rues comme une ville. Tout Paris y venait, la ville et la cour. « — Les galères du roi y sont aussi représentées, » disait un almanach de 1775. — On y a vu s'y escrimer, à la tête d'une dizaine de ses amis, M. le comte d'Artois, alors tout jeune, depuis Charles X ; Son Altesse ne dédaignait pas d'y prendre part à un jeu de bagues sur des chevaux de bois et de s'y prendre de bec avec les *impures* à la mode. « — Il faut que jeunesse se passe, — » disait Louis XV, que ces farces amusaient. — La jeunesse a passé, et le trône aussi.

Plus d'un monument historique ou littéraire témoigne de ce qu'a été cette Foire, qui n'est plus de nos jours que l'ombre de ce qu'elle a été du temps des roués de la Régence et des fastueux viveurs du règne qui a suivi. Saint-Foix en parle dans les *Essais sur Paris*, Chevrier dans le *Colporteur*, Dulaure dans son *Histoire ;* mais, suivant nous, c'est surtout dans le théâtre du temps qu'il faut aller chercher sa changeante et curieuse physionomie.

Tous tant que nous sommes, nous connaissons, ne fût-ce que de nom, le Théâtre-Italien de l'hôtel de Bourgogne. Il était renommé pour ses hardiesses aristophaniques. Nos pères, qui aimaient le gros rire, *allaient s'y déboutonner* comme disait Le Sage, lequel écrivait pour l'endroit. On avait surnommé la salle : *le grenier au gros sel.* En 1743, c'est-à-dire il y a cent trente-deux ans, durant tout l'automne, on y joua une pièce en trois actes, sous ce titre typique : *la Foire de Saint-Germain.* — Point de nom d'auteur. — Les personnages étaient toujours les mêmes : Arlequin, Mezzetin, Isabelle, le seigneur Pandolphe, Colombine, plus une demi-douzaine de figures plus fantaisistes les unes que les autres.

Quant au cadre, n'y cherchez rien d'imprévu ; c'est invariablement celui des comédies à tiroir. — Octave aime Isabelle. Le seigneur Pandolphe, qui est un vieux grigou, n'entend pas la lui donner pour femme, d'abord parce qu'il faudrait y joindre une dot, ensuite parce qu'il a le dessein de se remarier lui-même. Par bonheur, Arlequin, le valet d'Octave, est là; il saura bien venir à bout du bonhomme. Premier point, il l'attire à la foire de Saint-Germain avec sa charmante fille. Là il lui joue tous les tours imaginables. Il le grise, il lui fait entrevoir dans l'orbe d'une glace magique son futur mariage à lui-même, ce qui le remplit d'horreur. Enfin il le fait battre par des bretteurs, voler par des pipeurs qui lui enlèvent jusqu'à sa culotte, et signer un contrat chez une marchande de liqueurs.

Tout cela, allez-vous dire, est bien vulgaire. C'était ce qu'on voyait jadis sur tous les tréteaux. D'accord; le bifteck est commun, mais, comme disait un gourmand, les pommes de terre qui l'entourent sont juteuses et bien rissolées.

Il y a, en effet, là dedans vingt scènes d'un très bon comique.

Arlequin aborde Mezzetin costumé en marchand de petits gâteaux, comme le fameux Mentsickoff l'était avant son avènement.

MEZZETIN. — A deux liards! A deux liards! A deux liards!

ARLEQUIN. — Qu'est-ce que c'est que ça, mon ami?

— Des ratons tout chauds, monsieur.

— Les vends-tu à la douzaine?

— Oui, monsieur

— Dans ce cas, tu donnes le treizième?

— Sans doute, monsieur.

— Allons, je vais toujours manger ce treizième.

— Mais, monsieur, payez!

— Du tout. Qui a terme ne doit rien. Quand j'aurai mangé la douzaine, plus tard, je paierai le treizième, qui sera alors échu.

Mezzetin se résigne et se remet à crier sa marchandise.

— A deux liards! à deux liards! à deux liards!

Surviennent divers autres marchands avec leurs articles variés.

— De belles robes de chambre, monsieur!

— A deux liards! à deux liards! à deux liards!

— Malepeste! Des robes de chambre à deux liards! J'en prendrais volontiers une.

— Des chemises de Hollande très fines.

— A deux liards! à deux liards! à deux liards!

— Des chemises de Hollande à deux liards, il faut que je m'en munisse.

On offre de même des bonnets de velours, des bottes, des montres, que sais-je? Et Arlequin applique toujours le cri de Mezzetin à tout ce négoce. D'où un imbroglio dont vous voyez les ressorts.

Plus loin, Arlequin rencontre un homme à fausse barbe; c'est un ancien laquais, nommé Champagne, et qui se fait appeler Soliman. Il est Arménien pour le quart d'heure, et il vend du café, du thé, du ratafia, de l'*orjade*, comme il dit. Tous deux se sont connus, un jour, sur les marches du Palais de Justice, quand ils étaient ensemble au carcan, à cause de leurs méfaits.

— Si tu es ici, lui dit Arlequin, c'est que tu donnes le mot d'ordre aux filoux, aux pipeurs, aux voleurs, aux coupeurs de bourse et aux coupe-jarrets. Je ne te vendrai pas, mais tu vas me servir.

— Soit, répond l'Arménien.

Et les voilà, de concert, occupés à faire tomber la vieille ganache de Pandolphe dans toutes sortes de pièges qui font rire le public.

A une certaine scène, Colombine, qui est une effrontée coquine, vend des oranges; elle en donne au père dindon une qui le fait dormir et à la belle Isabelle une autre qui renferme un billet d'Octave. — De l'art primitif, comme vous voyez.

Ce qui est burlesque, ce qui ne manque pas d'originalité, c'est d'enlever au papa sa culotte. — Le voilà tout nu. — Mœurs du temps, qu'on ne comprend plus aujourd'hui et qu'on sifflerait à outrance. — Le bonhomme, ainsi dénudé, demande une plume, du papier, de l'encre et écrit une lettre à son valet de Paris. « Apporte-moi une bourse et une culotte; tâche qu'on ne te vole pas les tiennes. » Le valet vient, au bout de deux scènes, arrive et dit tout haut :

— Messieurs les filoux, voyons, ne me volez pas ma culotte!

Les scènes finales, fort amusantes, sont arrangées
de façon à montrer les curiosités de la Foire. —
On y voit, par exemple, les douze signes du Zo-
diaque représentés par des acteurs et par des comé-
diennes.

PANDOLPHE. — Pourquoi y a-t-il un homme en noir
à la place du septième signe?

ARLEQUIN. — A la place du Cancer? Ce poste ne
pouvait être mieux rempli que par un procureur.

— Pourquoi une petite fille à la place des Balances?

— Autrefois ce signe indiquait la Justice, mais
comme il n'y en a plus, c'est la petite épicière du coin
qui pèse ses épices.

— Pourquoi cet apothicaire avec une seringue à la
main?

— C'est le Sagittaire : il s'entend à bien viser.

— Que veulent dire ces deux vieillards qui s'em-
brassent?

— Ce sont les Jumeaux.

— Quoi ! ces deux enfants du calendrier avec de la
barbe?

— Si vous aviez été à leur place depuis qu'ils y
y sont, la vôtre serait bien plus longue.

— Que veut dire cet endroit où il n'y a rien ?

— C'est la place du signe de la Vierge. Nous n'a-
vons pas trouvé de sujet dans ce pays ; nous avons
écrit dans le royaume du Congo. Il nous arrivera

peut-être bien une pucelle ces jours-ci, mais il ne faut pas trop y compter.

Le Sage, Piron, Poinsinet, Collé, l'abbé de l'Atteignant et beaucoup d'autres ont écrit pour le Théâtre-Italien, et ils n'ont pas toujours signé. Toute recherche serait superflue en ce qui touche *la Foire de Saint-Germain*.

Le tout finit par de jolis couplets. — Faute d'espace, je n'en citerai qu'un.

> Si tu veux être
> Affable et débonnaire,
> Traite ta femme
> Avec douce manière,
> Mais, mais, mais
> Quand elle est dans la rivière,
> Ne l'en retire jamais.

La Foire de Saint-Germain a été jouée vingt-cinq fois, succès énorme pour le temps.

Dans ses *Mémoires*, si charmants, Fleury, le brillant jeune premier de l'ancien Théâtre-Français, fait le plus grand éloge de la Comédie Italienne ; H. Beyle disait :

— C'est là dedans qu'il faut retrouver le sel d'Aristophane.

XXVIII

LE DÉCAVÉ

PERSONNAGES :

FERNAND.
ÉVERARD.
UN JOUEUR.
UNE VOIX.
LA GALERIE.

SCÈNE PREMIÈRE.

La scène se passe au cercle des *Radis-Noirs*. — Une table de bouillotte.

FERNAND. — Tenu.

UN JOUEUR. — Combien? Cent francs ?

FERNAND. — Non ; mon tout.

LE JOUEUR. — C'est-à-dire de 100 à 600 francs ?

FERNAND. — Juste.

LE JOUEUR. — Eh bien, soit. Tenu.

FERNAND *d'un air de triomphe.* — Brelan de rois !

LE JOUEUR. — Brelan d'as carré. A moi votre tout !

FERNAND, *quittant la table.* — Décavé !

LA GALERIE. — Un homme à la mer !

Fernand, très pâle, va se jeter sur un des divans du cercle, où il se tient d'abord immobile, dans l'attitude de la méditation. Peu à peu son ahurissement se dissipe. Le décavé retrouve son sang-froid et bientôt après l'usage de la parole. Au bout d'une minute il se parle à lui-même à demi-voix.

FERNAND. — Rincé de 600 francs ! Rincé avec un brelan de rois ! Voilà de ces choses qui n'arrivent qu'à moi ! Qui est-ce qui n'aurait pas tenu, je le demande à tous les professeurs ? Allons, c'est un coup droit qui m'est lancé en pleine poitrine par la main du sort. Décavé, rincé, ruiné ! Ces 600 francs, d'ailleurs, n'étaient pas à moi. En partant pour Ville-d'Avray, où elle se remet en buvant du lait d'ânesse, ma femme me les avait confiés, en me disant : « C'est » la pension de notre Émile. Va-t'en porter ces chif- » fons à l'économe de Sainte-Barbe, qui les attend » avec la juste impatience d'un comptable. » J'at- teste le ciel que je n'avais que des intentions pures. J'étais sorti pour remiser ces 600 francs à leur des- tination. Ils étaient dans mon portefeuille : un billet de 500 et un billet de 100, tous deux sages comme

des images. Chemin faisant ; je rencontre cet animal
de Fifrelin qui se jette à mon cou. — « Cette visite à
» Sainte-Barbe, tu auras assez le temps de la faire.
» Allons au Jardin d'Acclimatation pour y voir la
» nouveauté du jour. — Un Chimpanzé qui tire le
» fleuret comme Pons neveu. Tout le club y est. Viens
voir ça. » Moi, qui ne suis pourtant pas de la Gomme,
je me laisse convaincre. Une voiture s'arrête ; nous
y montons ; nous filons au Bois ; nous arrivons
au singe. Une merveille, j'en conviens. On dirait
d'un petit crevé. Quand nous sortons de l'enceinte,
il est quatre heures. Je me dis alors : « Il ne sera plus
temps pour l'économe ; les bureaux sont fermés. Ce
sera pour demain. » — Bon ! Mais j'avais compté
sans Fifrelin. Le brigand s'attache à moi comme le
lierre à l'ormeau. — « Puisque tu es garçon, viens
donc dîner au cercle. Le poisson y est irréprochable
et le dialogue amusant. Buscambille y sera. Tu sais
s'il est drôle ! » Je l'interromps ; je lui dis : « Ah çà !
nous ne jouerons pas, au moins, Fifrelin ? — Jouer !
nous ne verrons pas même une carte. » — Au dessert, je ne sais qui, peut-être le directeur du cercle.
fait venir une bouteille de Château-Yquem. On m'en
verse. Ça me monte à la tête. Un simple verre : il ne
m'en faut pas plus. De la salle à manger, on passe
dans les salons de jeu. Là j'oublie mon serment de ne
plus jouer, un serment que j'ai prêté trois cent

soixante-cinq fois, au bas mot. On m'installe à la
bouillotte. J'y engage d'emblée mes six cents francs
sur un brelan de rois, et me voilà avec un nez long
de dix aunes (vieille mesure).

Ces sacrés six cents francs, impossible de les
remplacer. En tant qu'emprunteur, je suis brûlé partout. Il n'y a pas un chien coiffé à qui je ne doive,
toujours à cause des beaux yeux de la dame de pique
et compagnie. Demain, j'en suis sûr, il arrivera à
la maison une nouvelle lettre de l'économe : « C'est
» pour la dernière fois que j'ai l'honneur de vous ré-
» clamer la pension de votre fils. Si, dans les huit
» jours, la somme de 547 francs 75 centimes ne nous
» est pas apportée, M. le directeur se verra avec re-
» gret dans la nécessité de vous remettre cet enfant.
» Agréez, *et cætera.* » Que la circulaire tombe sous
les yeux de ma femme et le pot-aux-roses sera vite
découvert. Dès ce moment, la vie commune ne sera
plus tenable. — Ah ! père dénaturé ! homme sans
cœur ! père de famille manquant d'entrailles, qu'est-
ce que vous avez fait là ? Vous venez de dépasser Ugo-
lin, monsieur ! Malgré tous vos serments, vous êtes
revenu à cette passion féroce qui ne respecte rien,
qui joue son père, sa mère, ses enfants, et qui répand
des montagnes de déshonneur partout où elle a
passé !

Ce n'est pas tout : ma belle-mère s'en mêlera. Ah !

les belles-mères, quel fléau ! J'en aurai pour une heure, tous les jours, à entendre fulminer les mêmes objurgations. Quand on a repris jadis à la Porte-Saint-Martin *Trente ans ou la vie d'un joueur*, elle a trouvé moyen de me mener de force voir cet affligeant mélodrame, et, à la scène de la malédiction paternelle, elle s'est penchée à mon oreille pour me dire : « Voyons, est-ce que vous voulez mériter le bagne comme ce scélérat de Frédérick ! » Une autre fois, en présence de toute la famille assemblée, elle s'est écriée :

— Monsieur mon gendre, Job est mort sur son fumier; vous, vous mourrez sur une carte : c'est moi qui vous le prédis.

Au fond, très triste à dire, elle a raison ma belle-mère. Je suis un misérable, le bourreau de sa progéniture. J'ai perdu les 600 francs d'Émile. Il est certain que les procureurs de la République font monter tous les jours sur les planches de l'échafaud des monstres moins coupables que moi. Il y a du crime dans mon affaire. L'analyse chimique, à l'aide du microscope, y trouverait même du sacrilège, si elle le voulait bien. Quelles circonstances atténuantes invoquer ? Je sais bien : Jehan Gringonneur. Celui-là a inventé des cartes afin d'amuser la folie d'un vieux roi. Que tous les diables du moyen âge le jettent à perpétuité dans une chaudière d'huile bouillante,

il ne l'aura certainement pas volé, attendu qu'il a
fourni à la race d'Adam le moyen de perdre cent
mille et une fois son âme, même avec un brelan de
rois. Mais, après ça, la morale éternelle se retourne-
rait encore une fois contre moi-même pour me dire :
« Qu'as-tu fait des six cents francs de l'économe ? »

Voyons, il ne s'agit pourtant pas de se lamenter
comme un poète lackiste. Ces six cents francs, peut-
être pourrais-je remettre la main dessus? Étant
peintre de mon métier, si je brossais demain un
paysage : dix baliveaux, une rigole qui coule sur un lit
de cresson et une vache brune qui rumine près des
haies. C'est toujours la même rengaîne ; ça prend
toujours. Mais le malaisé n'est pas de faire le bibelot ;
c'est de le vendre. Les marchands de tableaux sont
tous en avance avec moi. A l'hôtel des Ventes, on
me regarde comme un vampire, habitué à traiter
l'argent en bourreau. Sérieusement, je ne vois plus
qu'une ressource : aller me jeter à l'eau dans cette
grande tasse que les géographes appellent la Seine.

Il y aurait bien l'oncle Pierret, à Batignolles, où
il plante ses choux et soigne ses rhumatismes. Mais
je l'ai déjà plumé si souvent qu'il ne se laisserait
plus faire. Sacré nom d'un petit bonhomme, je suis
fichu.

Voyons, à quelle sauce vais-je accommoder mon
suicide ?

SCÈNE II.

ÉVERARD, *survenant*. — Tiens, voilà Fernand !

FERNAND. — Bonsoir, Éverard. D'où viens-tu comme ça?

ÉVERARD. — Du lac de Genève, villégiature à la mode, comme tu dois le savoir. Et justement, puisque te voilà, j'ai à te parler.

FERNAND. — Comment ça ?

ÉVERARD. — Tu te rappelles Paingris, tu sais bien, le petit Paingris ? A l'époque du quartier Latin, lui et toi, vous étiez inséparables. Il y a trente ans de ça. Depuis lors, il a bien mené sa barque. Il a fabriqué du savon. Millionnaire, mon cher. Mais voilà qu'il y a trois jours, au bord du lac, il s'est écrié : « Fernand ! Mais je lui dois de l'argent ! — Combien donc ? — Cent écus qu'il m'a prêtés. — Cent écus, a-t-il repris, avec les intérêts et les intérêts des intérêts depuis trente ans : total, mille francs. Tiens, remets-lui ce billet. » — Je refusai ; il me l'a fourré de force dans ma poche. Et il a disparu. — Tiens, voilà le chiffon.

FERNAND, *ahuri*. — Mille francs ! Je ne sais, vraiment, si je dois...

ÉVERARD. — Si tu dois prendre ce qui t'appartient ? Ah ! par exemple !

FERNAND, *à part*. — Au fait, c'est pour fermer la gueule à ce Cerbère d'économe... (*Il prend le billt.*)

UNE VOIX. — On demande un rentrant à la bouillotte.

FERNAND, *debout*. — Un rentrant? Voilà !

XXIX

QUADRILLES D'HIVER

L'AMI DE CŒUR.

Chez l'ambassadeur de ***, faubourg Saint-Honoré. — Salon où
l'on danse. — L'orchestre prélude à un quadrille, celui de
l'*Amant d'Amanda*, si vous voulez. — Une jeune femme brune,
couronnée de roses rouges et de verveine, interpelle vivement
un jeune auditeur au conseil d'État, qui a un carreau de vitre
dans l'œil:

LA DAME. — Comment ! monsieur, toujours de la
jalousie ? Plus bas, je vous prie, Alfred. Ici les murs
ont mille oreilles incessamment ouvertes. N'oubliez
donc pas de saluer vos vis-à-vis ; c'est de règle, vous
le savez bien. — Quoi ! le gros attaché d'ambassade
de la petite Principauté? qu'avez-vous donc encore à
me chanter là-dessus ? Tout à l'heure, en passant
près de moi, il m'a fait compliment de ma coiffure,
laquelle est, dit-il, d'un style nouveau. De mon côté,
je lui ai dit que le gilet en cœur paraissait avoir été
imaginé pour lui. Voilà tout, monsieur. Auriez-vous

donc voulu que je lui parlasse de la coalition des
droites ou des honneurs funèbres? Allons, il y a des
jours où, sur mon honneur, je crois que vous avez un
hanneton dans la tête. Croire que je vais caqueter
avec cet Autrichien, uniquement parce qu'il porte
une barbe blonde !

ALFRED. — Madame, je sais ce que je sais.

LA DAME. — Voyons, chassez-croisez, c'est à vous.
Quelle tête à l'envers que la vôtre, voilà que vous oubliez les figures, Alfred ! Et vous voulez avancer dans
la diplomatie !

A présent, monsieur, un peu moins de familiarité
dans la manière de me tendre la main, s'il vous plaît.
Est-ce à un homme du monde tel que vous qu'il est
besoin de dire qu'on nous observe ? L'ambassadrice
nous a regardés deux minutes de suite. Vous savez
qu'elle m'en veut de longue date, parce que je me
suis laissée aller un jour à dire qu'elle avait des pieds
de Limousin. Si elle pouvait surprendre notre secret,
quelle revanche pour elle ! Alfred, du calme. Croyez
bien que je me moque du gros attaché comme d'une
plume d'autruche. Encore un coup, l'essentiel est de
ne pas faire d'éclat. On rirait de nous dans les deux
faubourgs, si nous étions pincés. Non, pas de cette
crucherie, monsieur. — En avant deux !

ALFRED. — Oui, mais ne prodiguez pas tant vos
sourires.

LA DAME. — Vous vous emportez? Pourquoi ne pas incliner la tête un peu plus, quand vous avez à saluer madame de K..., qui est notre partenaire? Entre nous, j'ignore ce qui peut vous irriter dans le fait de danser avec cette jolie Russe. Y aurait-il eu un roman commencé autrefois et que les hasards de la vie n'auraient permis ni à l'un ni à l'autre de continuer? — Alfred, vous jouez au jaloux, et l'on serait bienvenu à vous surveiller vous-même de plus près. — Allons, la main aux dames, et n'appuyez pas trop! — Une chose à vous apprendre, mon cher, c'est que le prince de K... est un Moscovite de la vieille roche, un boyard de granit qui n'admet aucune des petites libertés de la vie parisienne. Je ne vous conseille pas de vous frotter à ce mari, véritable Othello du Nord, ayant le cœur confit dans la neige. Peut-être étranglerait-il sa Desdémone; mais, ce qu'il y a de certain, c'est qu'il commencerait par vous saigner en vous coupant une artère. Je répète donc le conseil : « Ne vous y frottez pas. »

ALFRED. — Quand je vous parle Autriche, vous répondez Russie. — Tactique de femme.

LA DAME. — Alfred, j'ai encore deux ou trois choses sérieuses à vous dire. Je garderai la plus grave pour le galop.

ALFRED. — Qui donc aviez-vous, avant-hier, dans votre loge aux Italiens?

LA DAME. — On m'a rapporté que, l'autre soir, chez le président B***, vous aviez fait le rechigné au moment où mon mari vous priait de faire un whist avec lui. Vous n'ignorez pas, monsieur, quelles sont nos conventions. Au point de vue du monde, vous devez traiter mon mari avec une excessive déférence et lui parler comme à moi-même. Il n'y a que des compliments sur la toilette que vous soyez dispensé de faire. Beaucoup de politesse pour le digne homme. Ça, voyez-vous, je l'exige positivement, sous peine de rupture. Le révérend P*** S***, de la Compagnie de Jésus, mon directeur, m'a affirmé que nos peccadilles n'étaient plus rien, du moment que mon ami de cœur rendait publiquement hommage à mon mari. Ainsi, plus de révoltes à la table de whist, Alfred. — Je sais que les auditeurs au conseil d'État n'ont pas un gros argent de poche, mais au whist du président B***, si l'on perd dix louis dans une soirée, c'est tout. — Voyons, balancez.

ALFRED. — Votre mari joue le whist en vrai massacre.

LA DAME. — Un reproche bien plus grave maintenant, Alfred. — Ah ! vous avez bien deviné, j'imagine. — Qu'avez-vous donc fait, monsieur, du camée que je vous ai rapporté de Florence, il y a six mois ? Ça représente l'*Amour à cheval sur une centauresse,* le chef-d'œuvre de Lysippe de Corinthe. Qu'est-il devenu ? qu'en avez-vous fait ? Est-ce vrai ce qu'on raconte, que vous l'avez donné à une petite rousse de la Renaissance, pour laquelle vous auriez un coup de soleil ? Voilà qui est joli pour un homme comme vous ! Aller dans ces petits théâtres où il y a tant de femmes à craindre ! Toujours est-il qu'il faudra qu'un jour je sache la vérité sur le camée, monsieur. — Ah ! le sort des femmes du monde est bien ce qu'il y a de plus triste à imaginer. Quand leurs maris les trompent, elles se disent entre elles : « Eh ! ma chère, faites ce qu'on fait en pareil cas, prenez un amant pour vous consoler. » On écoute, on se rend à cet avis ; on sacrifie tout à celui dont on espère des consolations. Et puis, en définitive, on découvre que maris et amants ne valent pas mieux les uns que les autres. D'où il résulte que c'est toujours à recommencer. Voilà justement pourquoi il y a tant de pauvres grandes dames qui tombent. C'est votre faute à tous, messieurs. — Voyons, la queue du chat.

ALFRED. — La petite rousse est un conte bleu.

LA DAME. — Chose promise, chose due, Alfred. Je vous ai dit que je réservais la chose la plus grave pour le galop. Nous y sommes. Entendez-vous la trille ? L'orchestre prélude. Le galop, dit-on, est ce qui scandalise le plus les esprits sévères. On s'y entrelace trop voluptueusement, le danseur avec la danseuse. Dame, le caractère de cette danse le veut ainsi. — Alfred,

nous avons six tours du salon, ainsi emmêlés. Personne
ne nous dérangera, même quand il se déclarerait
tout à coup un tremblement de terre sous Paris, même
quand le citoyen Gambetta mettrait le feu aux âmes
de la foule, en parlant du haut du balcon de l'Hôtel
de ville rebâti. — Eh bien, voyons, profitons de la cir-
constance pour parler et pour parler rondement

Écoutez bien, Alfred. Aussitôt l'hiver fini, mon mari
et moi nous devons quitter la ville. Où irons-nous ?
J'ai eu beau interroger, ruser, scruter, je n'ai pu ob-
tenir de réponse précise. Il y aura d'abord un mois
ou deux dans les environs d'Alger, parce que mon
mari a besoin, pour guérir ses bronches, d'aller
respirer les orangers en fleur. Mais ensuite ? Irons-
nous à Cauterets ou à Bagnères-de-Bigorre ? Ce sera
dans les Pyrénées, voilà ce que je sais bien. On parlait de nous envoyer à Plombières, lieu salubre mais
maussade. J'ai dit au docteur que les Pyrénées con-
viendraient bien mieux à mon mari, parce que c'est
un morceau de l'Afrique égaré en Europe. Voilà donc
une chose convenue. Alfred, à notre retour d'Alger,
vous recevrez un télégramme ; il faudra vous trouver
auprès de nous quinze jours après.

Le moyen de vous présenter décemment ? D'abord,
je serai là ! Sans avoir l'air de rien, j'aurai préparé
les issues. Second point, vous savez la manie de mon
mari : dresser une statistique quelconque et la lui

montrer. Faites celle que vous voudrez. — Statistique des lois somptuaires édictées en France depuis
Clodion le Chevelu jusqu'à nos jours. — Statistique
des œufs que pondent les poules en France depuis
l'assemblée des États-généraux. — Statistique des
noyaux de cerises, édifiée à l'aide de la table des lo-
garithmes. — L'une ou l'autre, il sera aux anges. Il
s'écriera : — « On dit qu'il n'y a plus de sujets stu-
dieux dans la jeunesse actuelle ; eh bien, j'en tiens
un. » Et très souvent, dans un cercle de personnages,
il répondra : « Quel garçon d'avenir ! » Vous ne pouvez imaginer combien la statistique des cerises peut
aider à votre avancement.

Alfred, nous sommes à la fin du cinquième tour de
salon. Encore une minute, vous me reconduisez à ma
place et nous ne nous revoyons que dans dix jours, à
l'ambassade ottomane. Jusque-là, sachez vous tenir,
monsieur. — L'histoire du camée me trotte toujours
dans la tête. — Comment est-elle faite, cette petite
rousse de la Renaissance ? Joue-t-elle dans *Kosiki* ? —
Ça ne peut donc pas vous suffire d'aimer une brune
comme moi ? — Ah ! Alfred, que je voudrais donc être
venue au monde avec une belle tignasse d'or !

Ici le galop cesse. — La dame voudrait, mais elle ne peut en
dire plus long.

ALFRED, *après l'avoir reconduite.* — Charmante, je
ne dis pas non ; mais comme elle est tannante !

XXX

UNE FEMME VUE EN DEDANS

PERSONNAGES

RODOLPHE, quart de philosophe.
ARY, flâneur.

La scène se passe au foyer de l'Opéra-Comique, pendant un entr'acte de
Zampa.

ARY. — Tiens, cher ami, qu'avez-vous donc ?

RODOLPHE. — Moi ? Rien !

ARY. — Bon ! je vois ce que c'est. Toutes les fois qu'on demande à un Parisien : « Qu'avez-vous donc ? » et qu'il répond : « Rien ! » c'est qu'il a quelque chose.

RODOLPHE. — Eh bien, je ne dissimulerai pas plus longtemps avec vous. J'ai quelque chose.

ARY. — Quoi donc, cher ami ?

RODOLPHE. — J'ai fait un songe.

ARY. — Comme dans une tragédie du dieu Ponsard?

RODOLPHE. — Non, cher ami, comme dans un cauchemar de Jean-Paul Richter.

ARY. — Pardieu, contez-moi donc ça.

RODOLPHE. — Soit, mais c'est entre nous.

ARY. — Entre nous seuls et jamais pour le public.

RODOLPHE. — Y êtes-vous?

ARY. — Sans doute. Allez-y.

RODOLPHE. — Eh bien, écoutez. L'autre nuit, ma femme dormait auprès de moi. Comme je ne dormais pas du tout, voici l'aventure étrange qui m'arriva. J'avais un bras hors du lit. Il faisait froid. Je voulus remettre ce bras sous la couverture. En frôlant le cou de la dormeuse avec l'extrémité de mes doigts, je posai le pouce sur un petit bouton de métal. Ce bouton fit mouvoir un ressort secret. Au même instant, la tête de ma femme se disloqua sur une charnière, s'ouvrit en deux, et j'assistai, comme dans une chambre noire, au rêve qui se déroulait devant ses yeux fermés ; c'est inconcevable, mais c'est comme cela.

Les physiciens vous diront sur les rêves de fort belles choses. Ils en sont bien capables. Pour moi, si je sais comment cela se fit, je veux être pendu. Dieu garde la tête de vos femmes d'être à charnière !

Elle rêvait donc que j'étais parti en Amérique par

le bateau à vapeur ; que la vapeur avait fait éclater
le bâtiment, et que le deuil, suite de la mort du mari,
lui allait à merveille. Elle se mirait dans une glace
et elle chantait, avec des épingles dans la bouche, en
essayant un bonnet en dentelles noires, délicieuse-
ment fait. Le chef-d'œuvre de la faiseuse à la mode !

Tout à coup on gratta à la porte ; Valentine ne
chanta plus et se mit à sangloter devant le miroir, en
essayant l'attitude la plus mélancolique du monde,
le maintien d'une élégie, un tableau d'Hébert.
Puis elle s'en fut ouvrir en pleurant à chaudes larmes.

Il entra alors chez ma veuve un grand brun de mes
amis de collège. J'avais vite reconnu Achille Diagonal, docteur en médecine, qui a des favoris noirs à la
saint-simonienne, une aune d'épaules et le mollet
carré. Il respecta la douleur de cette autre Artémise.
Il lui essuya aussi les yeux fort délicatement en parlant avec chaleur des qualités physiques, morales et
intellectuelles que je possédais au suprême degré,
quand j'étais encore parmi les habitants de ce globe
sublunaire avant l'explosion du bateau à vapeur.

— Rodolphe n'avait peut-être pas beaucoup d'esprit, répliqua-t-elle doucement en l'interrompant avec
grâce sur le chapitre de l'intellectuel, et même il
prêtait à rire à tout le monde aussitôt qu'il ouvrait
la bouche, parce qu'il était d'une gaucherie à lasser

l'indulgence des plus bénévoles. Il n'avait pas de rapidité dans la repartie, ce qui est un grand défaut.
Ne soyons point injustes parce qu'il est mort; mais,
assurément, si je dois être franche, mourir est ce
qu'il a fait de plus spirituel dans sa vie.

— Mais, objecta Achille Diagonal, et l'âme ?

— Quant aux qualités de l'âme, dit ma femme, il
était boudeur, avare, gourmand, taquin, médisant,
jaloux. Je puis dire qu'il m'a rendue la plus malheureuse des femmes. Si je n'avais pas été la perle que
je suis, notre ménage aurait été un enfer. Mais puisqu'il est mort, Dieu merci ! je veux avoir assez de miséricorde pour passer l'éponge sur le passé. C'est de
ma part un acte d'héroïsme dont bien peu de filles
d'Ève seraient capables.

— Mais les qualités physiques, madame?

— Cher monsieur Achille, n'insistons pas là-dessus, s'écria-t-elle précipitamment en baissant les
yeux. Ce sont là de ces choses où les plus fins font
de sottes conjectures, et tout ce qui reluit n'est
pas or.

En ce moment du récit de ma charmante veuve,
les yeux de mon ami de collège prirent une expression fort extraordinaire. Il les approcha tellement
des yeux de Valentine que je ne vis plus rien. Fort
ennuyé d'être sous le coup d'un si soudain aveuglement, je pris le parti de refermer la tête de ma

femme, et je m'endormis en réfléchissant à perte de vue sur la nature des songes.

— Que de choses bizarres ne voit-on pas en dormant ! pensais-je.

ARY. — Est-ce que l'aventure s'arrête là ?

RODOLPHE. — Hélas non !

ARY. — Continuez donc, alors. Vous me faites griller d'impatience.

RODOLPHE. — Le lendemain du songe, Valentine était levée de bonne heure. Quant à moi, je m'éveillai fort tard. Elle vint à mon chevet. Ses yeux étaient rayonnants. Ah ! les beaux yeux ! Bientôt il s'engagea entre nous le colloque que je vais vous dire.

VALENTINE. — Le docteur Achille Diagonal sort d'ici, Rodolphe.

RODOLPHE. — Eh bien ?

VALENTINE. — Eh bien, ce que je désirais si vivement est arrivé. Je suis grosse. Ah ! ce sera un garçon, un gros garçon, j'en suis sûre ! Si tu veux, ton camarade de collège sera le parrain. Il me l'a demandé tout à l'heure, quand je l'ai consulté sur la nature du malaise que j'éprouve. Un homme savant, je t'en réponds !

RODOLPHE. — J'en suis fort aise, mais il faudra que, de mon côté, je consulte quelque savant de l'Académie des sciences sur la question de savoir si les

13.

songes qu'on fait sont l'image du lendemain ou le miroir de la veille.

ARY. — Et qu'a-t-elle répondu ?

RODOLPHE. — Elle s'est mise à fredonner la chanson de Thérésa : *Rien n'est sacré pour un sapeur.*

ARY. — Cher ami, je ne suis pas un grand clerc, mais il m'arrive de penser de temps en temps. Or, toute réflexion faite, je pense que vous ne devez pas consulter.

RODOLPHE. — Pourquoi ?

ARY. — Ne rien savoir du tout est encore ce qu'il y a de mieux en ce qui concerne ce que font les femmes.

RODOLPHE. — Ary, vous êtes digne d'être mis au rang des grands philosophes.

L'entr'acte finit. — Ils rejoignent leurs stalles.

XXXI

LE CHAPEAU ÉCRASÉ

SCÈNES POPULAIRES

Théâtre du Châtelet pendant une représentation des *Sept Châteaux du Diable*, féerie en dix-sept tableaux.

§ I. — A L'ORCHESTRE.

UN COLLÉGIEN. — Petit père, qu'est-ce que ça signifie au juste, cette pièce-là ?

LE PAPA. — Mon fils, chaque tableau représentant un péché capital, ça signifie que le vice est toujours, toujours puni.

UN VOISIN, *à voix basse*. — Très bien répondu, monsieur. Le sentiment de la responsabilité paternelle vous a dicté cette noble réponse. Cependant vous avez bien compris, soit dit entre nous, qu'il s'agit d'autre chose là-dedans.

LE PAPA, *avec étonnement.* — De quoi s'agit-il donc, monsieur, s'il vous plaît ?

LE VOISIN. — Ah ! la pensée de l'auteur saute aux yeux. Il a voulu exprimer que les sept péchés capitaux ont été donnés à l'homme pour l'aider à ne pas trop s'ennuyer sur cette terre, et, accessoirement, que le grand Ouvrier aurait bien dû en envoyer le double.

LE PAPA, *avec véhémence.* — En voilà assez, monsieur. (*A part.*) Être immoral, va !

§ 2. — A LA PREMIÈRE GALERIE.

M. JOSEPH PRUDHOMME, *à son épouse.* — Virginie, il est bien évident que les masses se moralisent de plus en plus. Voyez avec quelle chaleur le peuple accueille tout ce qui a rapport au culte de la vertu !

VIRGINIE. — Je ne sais pas, Joseph, mais il me semble que vous vous mettez le doigt dans l'œil.

§ 3. — A LA SECONDE GALERIE.

LA FEMME. — Ma foi, non, ça ne me plaît pas, et précisément ça me déplaît parce que ça fait trop rire. J'aimais bien mieux le mélodrame de la Gaîté, intitulé *Pauvre mère !* où M. Laferrière était si touchant ! D'abord, moi, je ne m'amuse au théâtre que

quand la pièce me fait pleurer à chaudes larmes.
comme une Madeleine.

§ 4. — DANS LES COULOIRS.

UN PETIT MARCHAND. — Le chausson aux pommes
s'en va. A présent, le peuple a la même gueule que
les *aristos :* il ne veut plus que des oranges.

§ 5. — A L'ORCHESTRE.

UNE PETITE DAME, *avec un soupir.* — Il ne vient pas !
Il ne viendra pas ! Voilà les hommes ! Le meilleur
ne vaut pas les quatre fers d'un chien. Que de belles
paroles et toujours pour nous tromper ! — Aristide !
vous disiez pourtant, hier au soir, que ce serait à
vous à m'attendre. — Ah ! que j'ai donc été mal
inspirée en lâchant le gros Edmond pour ce frelu-
quet ! Et il me plante là comme pour reverdir !
Aristide ! tu me le paieras !

§ 6. — AU PARADIS.

On est à la fin de l'entr'acte. — Les trois coups ont été frappés
et l'orchestre joue l'ouverture. — Un jeune homme en blouse,
d'une quinzaine d'années, se précipite à sa place et écrase le
gibus d'un de ses voisins.

LE VOISIN, *pas content.* — Vous ne pouvez donc pas
faire attention, vous, quand vous rentrez ?

LE TITI. — Eh bien, et puis après ?

LE VOISIN, *toujours comme un croquet.* — Après, vous m'écrasez mon chapeau neuf, donc !

LE TITI. — Oui, je vous l'écrase, votre chapeau ; c'est historique. Et puis après?

LE VOISIN, *en hachant ses mots.* — Après ! après! Vous êtes un im-per-ti-nent, drô-le !

LE TITI, *avec une grimace.* — Et puis après, mon-sei-gneur ?

LE VOISIN, *cherchant à être calme.* — Je ne sais pas ce qui me retient de vous envoyer une giroflée à cinq branches.

LE TITI. — Qu'est-ce que vous dites là? Ah ! pauv'-mère !

LE VOISIN, *de plus en plus majestueux.* — Oui, des calottes sterling, mauvais gamin !

LE TITI, *avec l'accent des faubourgs.* — Pauv'-mè-è ère !

LE VOISIN. — Voyons, silence, fainéant !

LE TITI. — Pauv' mè-è-ère !

LE VOISIN. — Mais dis donc autre chose, crétin! T'es bien heureux que v'là la toile qui se lève, manant !

LE TITI, *roucoulant.* — Pauv' mè-è-ère !

LE PUBLIC. — Chut!... chut... Allez vous disputer ailleurs... Attendez, du moins, l'entr'acte.

LE TITI, *bas dans sa casquette.* — Pauv' mè-è-è-ère !

LE VOISIN. — Nom d'une bombe ! dis donc autre chose, sacré môme ! Il y a de quoi rendre un homme enragé ! Dis donc autre chose.

LE TITI, *même ton.* — Pauv' mè-è-è ère !

LE VOISIN, *que la colère empourpre.* — Sois tranquille, voleur ! je te règlerai ton compte dans vingt minutes, quand l'ouvrage sera fini !

LE TITI, *qui a l'air de suivre la pièce avec attention.* — Pauv' mè-è-è-ère !

LE VOISIN, *d'une voix éclatante.* — Ah çà, il n'y a donc pas de police ici, qu'on ne met pas à la porte ce voyou-là ?

LE PUBLIC, *indigné.* — Chut ! chut ! A la porte, l'interrupteur !

LE TITI, *même jeu.* — Pauv' mè-è-è-ère.

En ce moment, un garde de Paris s'avance avec le calme qui convient à la Force appuyée sur la Loi.

LE PUBLIC. — Ah ! ce n'est pas malheureux ! A la porte ! à la porte !

LE GARDE DE PARIS, *au voisin du titi.* — Sortez !

LE VOISIN, *profondément interloqué.* — Moi ? Mais c'est ce misérable ! ce galopin !

LE GARDE DE PARIS. — Allons, pas d'explication. Sortez !

LE PUBLIC. — Oui, oui, à la porte ! à la porte !

LE VOISIN, *exaspéré.* — Oh ! c'est trop fort de

café, ça ! Je vous dis que c'est ce crapaud qui...

LE GARDE DE PARIS. — Ne faites pas le mutin et sortez de suite, si vous ne voulez pas que je vous colle au bloc. (*Au titi.*) Et vous aussi, sortez !

LE TITI, *d'un ton cafard. Il sait que faut pas blaguer l'autorité.* — Mais je n'ai rien fait, mon lieutenant ! Demandez plutôt à ces messieurs et à ces dames !

UN GROUPE ENVIRONNANT. — Non, non ; c'est l'autre.

LE VOISIN, *cramoisi.* — Moi ! ah ! elle est bien bonne ! Mais ne dites pas que c'est moi, quand c'est lui qui m'asticote depuis vingt minutes ! Mais c'est égal, s'il est renvoyé aussi, ça me va.

LE TITI, *gravement.* — C'est monsieur, que je ne connais ni d'Ève ni d'Adam, qui ne faisait que proférer des menaces de mort.

LE GARDE DE PARIS, *sévèrement.* — C'est bon, restez ; mais tâchez de vous tenir tranquillement.

LE TITI. — Oui, mon capitaine.

LE VOISIN, *s'en allant, les poings crispés.* — Tonnerre de D...! elle est trop rude, aussi, celle-là ! Un chapeau écrasé ! des invectives tout le temps et renvoyé comme un malfaiteur ! (*Au titi.*) C'est égal, toi, tu recevras une fière dégelée à la sortie !

LE TITI, *d'une voix perceptible seulement pour son antagoniste, un simple mouvement des lèvres.* — Pauv' mè-è-è-ère !

LE VOISIN, qui ne se contient plus, fait de la jambe un geste extravagant et plein de menace. A ce spectacle, le garde de Paris l'enlève comme une plume et l'entraîne dans l'escalier, où l'innocente victime croit encore entendre l'expression favorite de son bourreau :

— Pauv' mè-è-è-è-ère !

§ 7. — DANS LES FRISES.

MÉPHISTOPHÉLÈS A FAUST. — Il n'y a pas de quoi rire ni pleurer : c'est ainsi que, depuis le commencement des âges, tout se passe journellement dans le monde.

XXXII

UN NEZ RETROUSSÉ

Petit salon bleu, rue du Helder. — Artistes et femmes du monde.
— On a fini la musique, on prend du thé dans d'adorables petites tasses de Chine. Par moment, l'on cause et l'on cause de
tout un peu, suivant l'usage des esprits d'élite. — Tout à coup
la portière de cachemire se soulève et un valet dit à voix haute,
en annonçant un nouveau venu : *M. Horace Janisset.*

PLUSIEURS VOIX. — Horace Janisset le voyageur !

AUTRES VOIX. — Horace Janisset, le consul de Malacca !

LA MAITRESSE DE LA MAISON. — Oui, mesdames. Certainement, messieurs.

Paraît Horace Janisset. — Un grand garçon, fort élégant. — Figure
rose ; trente-sept ans. — Manières du beau monde.

LA MAITRESSE DE LA MAISON. — Ah! vous voilà, notre
ami! Que tous les dieux du ciel hindou soient loués
sur le petit tambour de basque des bayadères de la
grande pagode de Jaggrenat! Eh! mon cher, vous
n'avez donc pas été dévoré par un grand tigre des jun-

gles, ainsi que l'a annoncé le *Daily-News*, il y a six mois?

HORACE JANISSET. — Le tigre des jungles était une agréable invention de sir Alexander Sampson. Ce charmant reporter du *Times* voulait rire un peu ; voilà pourquoi il s'est amusé à me faire manger par un fauve. Dieu soit loué ! il n'a coulé, à ce sujet, qu'un peu d'encre.

LA MAITRESSE DE LA MAISON. — Prenez donc place sur ce fauteuil ; c'était celui sur lequel vous aviez l'habitude de vous asseoir avant d'aller en Asie.

HORACE JANISSET. — En effet, chère madame : je le reconnais.

UN PAYSAGISTE. — Monsieur le consul de Malacca, puisque vous venez de loin, racontez-nous donc une histoire de voyageur?

UN MUSICIEN. — Non, une histoire de mer et dans laquelle il y aura une tempête !

UNE PETITE DAME ROSE. — J'aimerais mieux une histoire de brigands, moi !

UN CHIMISTE. — Des impressions de voyage sur l'Himayala plutôt !

HORACE JANISSET, *en jetant du sucre dans sa tasse de thé*. — Mesdames et messieurs, tirez à la courte-paille, s'il vous plaît.

LA MAITRESSE DE LA MAISON. — Horace, voulez-vous m'en croire? contez-nous ce qu'il vous plaira, mais contez-nous quelque chose.

UN QUART D'AGENT DE CHANGE. — Très bien dit, madame.

HORACE JANISSET. — Madame, puisque vous me laissez ainsi la bride sur le cou, je vais vous conter l'Histoire d'un nez.

UN CANDIDAT A LA DÉPUTATION. — Ah ! fort joli.

UNE DAME FORTE. — Oui, parlez-nous du nez. (*On rit.*)

LE PAYSAGISTE. — Pardon ! De quel temps et de quel pays est donc ce nez-là ?

HORACE JANISSET. — Vous allez le savoir. — (*Petit temps de silence.*) Mesdames et messieurs...

LE MUSICIEN. — Pas de rhétorique. On veut s'amuser ici. Nous vous en dispensons.

LA MAITRESSE DE LA MAISON. — Approuvé.

HORACE JANISSET. — Soit, pas de rhétorique, mais il y a commencement à tout. Comment bien commencer si l'on ne chatouille pas un peu ceux qui sont présents ?

LE CHIMISTE. — C'est juste, ce qu'il dit là.

HORACE JANISSET. — Mes amis, en ce qui touche les nez, les hommes n'ont jamais été d'accord. Salomon disait à la reine de Saba : « Ton nez est beau comme le mont Carmel. » Or, la reine de Saba avait le nez pointu. Sous le premier empire, pendant la troisième campagne d'Italie, Paul-Louis Courier rencontre Canova à Rome, et l'illustre sculpteur dit à l'helléniste : « Il n'y a réellement de potable que le nez grec. »

Canova trouvait encore que la princesse Pauline Borghèse avait le plus beau nez grec du monde ; c'est pour cela qu'il a taillé ce nez-là dans le marbre de Carrare. Vous pouvez l'aller voir au Musée du Louvre, où il est rangé, avec raison, parmi les merveilles de la statuaire moderne. Un nez met, à l'heure qu'il est, le monde des artistes sens dessus dessous.

LE QUART D'AGENT DE CHANGE. — Laissez donc ! Les artistes ne s'inquiètent plus que de savoir si le Trois ira jusqu'à cent francs, avant le premier janvier

HORACE JANISSET. — Je vous affirme qu'un compartiment du Palais des Beaux-Arts s'est fort occupé de ce que je viens de vous raconter.

LA MAITRESSE DE LA MAISON. — N'écoutez pas cet homme d'argent, Horace, et continuez.

HORACE JANISSET. — Je continue donc. Il y a de cela six mois, le consul français à Lahore se promenait à cheval dans la campagne. En revenant, il parcourait un peu de cette vieille terre asiatique, qui est, disent les légendes, le berceau du genre humain et le premier séminaire de la civilisation. Voilà que le sabot du cheval donne tout à coup contre une pierre ; le sol s'entr'ouvre, et le consul, sautant à bas de sa monture, trouve un morceau de bronze.

LA PETITE DAME ROSE. — Moment psychologique.

HORACE JANISSET. — Notre homme se dit : « Qu'est-ce que ce morceau de bronze ? » A force de le frotter avec un bout de son foulard, notre compatriote distingue une effigie « Qu'est-ce que cette effigie ? » Grave question. « Est-ce un bouton de la culotte du roi Porus ou un jeton de la compagnie des Indes ? » Le consul français hésite, et continue à frotter. A la fin, il voit poindre un nez retroussé. « Point de doute, c'est un portrait de femme ! » s'écrie-t-il, et il serre précieusement sa trouvaille au fond de son porte-monnaie à fermoir d'or. Mais vous pensez bien qu'il n'est pas encore tiré d'embarras. De quelle femme s'agit-il ? Tel est le point d'interrogation qui lui trotte par la tête. Le consul français ne connaît point personnellement de nez retroussé dont il soit question dans l'*Histoire politique des Indes* de l'abbé Raynal, ni ailleurs. « Rentrons en ville, pense-t-il ; dînons bien, buvons du bordeaux. Un bon repas porte conseil. »

LE MUSICIEN. — Pas toujours. Voyez le grand festin des *Sept Infants de Lara* qui finit par un massacre.

HORACE JANISSET. — Dès le lendemain, mon collègue envoyait sa trouvaille en France par la malle de Calcutta. Le colis était à l'adresse de l'Académie des Inscriptions et Belles-Lettres, à Paris. Jugez de la joie des savants. M. Naudet bondit d'allégresse, M de Quatrefages danse une pyrrhique dans la grande salle du Palais-Mazarin. Une médaille de bronze qui arrive des Grandes-Indes ! On n'avait pas vu pareille fête depuis la grande momie de Memphis, envoyée sous bande au quai Voltaire, par feu Champollion Ier. On exhibe l'objet, on le lorgne, on l'examine, on l'étudie. « Eh bien, le consul a raison ; voilà bien un nez retroussé. Il est hors de doute que ce nez retroussé appartient à une femme, — mais encore à quelle femme ? » Ils se cognent tous le front ; — ils interrogent les livres grecs, syriaques, sanscrits, chaldéens, persans ; ils y perdent leur latin ; ils y auraient perdu leur indoustani, s'ils l'avaient su. Au plus fort de la discussion, l'un d'eux s'écrie : « Je soutiens que ce nez n'est pas d'une femme, c'est celui de Bacchus, premier conquérant des Indes. » — « Du tout, collègue, c'est plutôt le nez si agaçant de Campaspe. » — « Campaspe ! Où prenez-vous Campaspe ? » — « Eh ! quoi, vous ne connaissez pas Campaspe, la maîtresse d'Alexandre le Grand, celle qui le suivit dans son expédition des Indes ? Retournez donc lire Quinte-Curce. Ignorez-vous aussi comment le héros fit cadeau de cette femme à Apelles ? Il avait voulu avoir les traits de Campaspe, la reproduction de ce nez, et le peintre venait de répondre par un chef-d'œuvre.

> Alexandre, charmé du portrait gracieux,
> Reconnut de l'amour les traits ingénieux,
> Et d'Apelles soupçonna la tendresse.
>   Mais bien loin d'en être irrité,
> Ce monarque fit voir sa générosité,
> Et pour prix du tableau lui céda sa maîtresse. »

Là-dessus tous les académiciens de crier :

« Eh bien, voyons, concluons, c'est le nez de Campaspe. Va pour le nez de Campaspe ! » Procès-verbal fut dressé en forme. Quarante signatures approuvèrent le nez historique, *ne varietur*.

LA PETITE DAME ROSE. — Une observation ou une parenthèse, comme on voudra.

HORACE JANISSET. — Parlez, madame.

LA PETITE DAME ROSE. — Toute favorite d'Alexandre le Grand qu'elle ait été, je ne crois pas que cette Campaspe ait pu être passable, attendu que de son temps les femmes ne connaissaient ni le cold-cream ni la poudre de riz.

HORACE JANISSET. — Cependant, à la fin du jour, le conservateur du lieu faisait appeler un ouvrier étameur. — L'ouvrier, ayant mission de décrasser les antiques, frottait le morceau de bronze avec énergie. — Au bout de dix minutes, on ne voyait plus seulement un nez retroussé, mais un front, des cheveux, une bouche, un menton, des oreilles ; on lisait en outre autour de la figure la légende qui suit :

Melle *Léocadie, élève de Palmyre, couturière des femmes de Runjet Sing*. 1873.

C'était un jeton industriel tout simplement, venu de Paris dans l'Inde et rapporté à Paris. Tout l'Institut en fera une maladie.

LA PETITE DAME ROSE, *rayonnante d'orgueil.* —
Vous voyez bien que j'avais raison. Il n'y aura de
jolies femmes que de notre temps.

LA MAITRESSE DE LA MAISON. — Il est minuit. Faisons
un bac.

XXXIII

L'HOMME QUI VIENT DE DISPARAITRE

« Un événement étrange cause en ce moment une grande sensation dans le quartier du faubourg Montmartre. M. Jacques Bédarrieu, jeune négociant de la rue Grange-Batelière, a disparu depuis trois jours sans qu'on puisse savoir ce qu'il est devenu. »

(Tous les journaux.)

Rue Grange-Batelière, au 2ᵉ étage. — Sur le palier.

ROBERT. — Voyons, John, c'est donc vrai ce que disent les papiers publics ?

JOHN. — Trop vrai, monsieur.

ROBERT. — Ce pauvre Jules a disparu ?

JOHN. — Depuis trois jours, oui, monsieur.

ROBERT. — Comment cela s'est-il fait ?

JOHN. — Je vais vous dire. Mardi dernier, monsieur s'est levé comme à l'ordinaire. En sautant à bas du

lit, il s'est dit : — « Voyons mon carnet d'échéances. »
— Puis, un instant après, il a ajouté : — « Il faut
que j'aille à la Banque. » — Il s'est assis. Je l'ai rasé,
coiffé, habillé. Tout à coup il ouvre la fenêtre. —
« Ah ! le sacré climat que le climat de Paris, dit-il.
Un ciel toujours tendu de papier brouillard. Pourquoi n'ont-ils pas eu l'esprit de mettre Paris à Nice? »
— Un instant après : — « John, un pardessus. —
Lequel, monsieur ? — Celui d'hiver, pardieu, puisque
nous sommes en été. » — Et il est parti pour la rue
de la Vrillière en fumant.

ROBERT. — Bon ! Et après?

JOHN. — Après ? Dame, après je n'ai plus rien vu ni
rien entendu. J'ai servi le déjeuner de monsieur
comme d'habitude, sur le coup de onze heures. Flûte,
bonsoir la compagnie ; monsieur n'a plus montré le
bout de son nez.

ROBERT. — C'est tout ce que vous savez ?

JOHN. — Mon Dieu, oui ; mais tenez, voilà M. Jolivard qui vous en dira davantage.

ROBERT. — Ah ! Jolivard, tu arrives à propos ; tu
vas me mettre au courant de cette mystérieuse affaire,
toi. Qu'est-ce que ça veut dire, ce racontar des journaux ?

JOLIVARD. — Ça veut dire un drame des plus noirs.

ROBERT. — Tu me fais dresser les cheveux sur la
tête dès le premier mot.

JOLIVARD. — Que diras-tu donc au dernier ? Écoute. Mardi dernier, Bédarrieu sort de la Banque de France, où il était allé se faire escompter un bordereau. Une bagatelle de 25,000 francs ; les trois quarts en billets, le reste en or.

ROBERT. — Vu les romans naturalistes qui courent, nous sommes dans un temps où il ne faut pas faire sonner son or, quand on en a.

JOLIVARD. — Nous nous rencontrons, Bédarrieu et moi, près de la place des Victoires. — « Vous déjeunez avec moi, dit-il. — Où ça ? — Pas chez moi : John ne sait pas faire les omelettes. Nous irons chez Marguerie. — Ça va. » — Nous partons. Nous entrons au petit restaurant du Gymnase. On nous sert une omelette aux rognons, avec un bourgogne quelconque, je ne sais plus lequel. Il est en appétit ; il veut des côtelettes à la Soubise, un fromage, des fraises. Au café, mon animal cause un peu fort. Machinalement, je ne sais pourquoi, il exhibe quatre de ses rouleaux sur une assiette.

ROBERT. — Quand je le disais ! Il ne faut pas montrer son or !

JOLIVARD. — L'affaire d'un instant. On prend des cigares ; il fume. Tout près de nous, à la table à côté, un grand Olibrius se défrichait la bouche avec un curedents. Il venait de manger une salade de homard. Un grand blond, figure pâle, mais avec de

la distinction dans les allures. Moustaches retrous-
sées. Je me disais : « Voilà un étranger ! » On se mit
à parler de la Bulgarie qui vient de faire un roitelet,
et le voisin s'écria : — « Toute cette affaire d'Orient,
c'est une mauvaise blague ! » — Tiens, pensai-je,
c'est un Russe. — Pas du tout, c'était un Italien.

ROBERT. — Italien ou Russe, ça ne fait rien à la
chose.

JOLIVARD. — Ça fait beaucoup, au contraire, à
cause des suites du drame. Au bout de cinq minutes, l'étranger et Bédarrieu, ayant vidé un peu
de fine champagne étaient à tu et à toi. Le moment
de sortir arrive. Sur l'asphalte, mes deux gaillards
parlent d'abord théâtre ; après quoi arrive le chapitre des petites dames. C'est l'usage. Voyant cela,
je serre la main à l'un, je salue l'autre, et je m'esbi-
gne pour aller à mes affaires. Le lendemain j'appre-
nais que Bédarrieu avait disparu.

ROBERT. — Et c'est là tout ce que tu as à m'apprendre ?

JOLIVARD. — Comment ! n'est-ce donc pas assez ?
Un inconnu avec de longues moustaches ! Notre
ami, qui a vingt-cinq mille francs sur lui, et qui ne
reparaît plus de trois jours ! Qu'est-ce qu'il te faut
donc de plus en fait de mystère ?

ROBERT. — Il me faudrait un drame et je ne vois
qu'un prologue.

. JOLIVARD. — Au vu et au su de tout le monde, il n'y a jamais eu d'homme plus rangé que Bédarrieu, surtout à la veille d'une échéance.

ROBERT. — Accordé.

JOLIVARD. — S'il lui arrive parfois de déjeuner au cabaret, parce que John ne sait pas faire les omelettes, du moins il dîne chez lui.

ROBERT. — Concédé.

JOLIVARD. — Quant au fait de découcher, il n'y a pas même à soulever cette hypothèse. Plutôt que de se livrer à cette incartade, Jules aurait mieux aimé se jeter du haut des tours de Notre-Dame dans la Seine.

ROBERT. — Il faut conclure, alors.

JOLIVARD. — Eh bien, c'est tout conclu. Notre pauvre ami a joué le rôle de victime de la fatalité. Il y a là-dedans un suicide, un rapt ou un assassinat. C'est à nous de choisir.

ROBERT. — Un suicide, pourquoi?

JOLIVARD. — Que veux-tu que je te dise? Notre époque de blasés se tue pour un oui ou pour un non. Jules était un Byron qui voyait tout en noir. Le climat de Paris lui déplaît. Il ne peut pas entendre prononcer le nom de l'auteur de l'*Assommoir* sans ressentir une attaque de nerfs. « Notre éminent collaborateur Émile Zola, » ces cinq mots du *Voltaire* lui ont donné, l'autre jour, les symptômes d'une sciatique. John ne sait pas et ne saura jamais faire les omelettes. Encore un motif puissant d'en vouloir au dix-neuvième siècle. Pardieu! Empédocle est sorti volontairement de la vie pour beaucoup moins que tout ça.

ROBERT. — C'est vrai. Cependant, au fond, Jules n'a pas le tempérament d'un mélancolique.

JOLIVARD. — Aussi suis-je porté à croire qu'il y a plutôt meurtre ténébreux que suicide.

ROBERT. — Comment l'entends-tu?

JOLIVARD. — Rappelle-toi l'inconnu, que j'ai pris d'abord pour un Russe, qui avait l'air d'un Italien et qui était peut-être un Portugais. Bédarrieu et lui sont restés seuls en débattant le chapitre du pays Bréda. Ils sont partis ensemble. Où? De quel côté? Mystère! Est-il défendu de supposer que le drame est là? Encore une fois, chez Marguerie, Jules avait laissé voir son or.

ROBERT. — Ce qui est toujours une folie.

JOLIVARD. — Eh bien, il y aura une seconde édition du forfait de Lacenaire, entraînant au fond d'une allée sombre un garçon de recette chargé d'une forte sacoche. Vingt-cinq mille francs en billets et en or sont vite enlevés, et un coup de poignard lestement donné, surtout par un inconnu, par un Russe.

ROBERT. — Quelle diable d'histoire tu me fais là!

Enfin, ce qu'il y a de sûr, c'est que Jules a disparu depuis trois jours, et qu'au bout du compte il doit y avoir quelque chose là-dessous.

UNE VOIX, *dans l'escalier*. — S'il y a quelque chose ! Je le crois bien ! Il y a un garçon qui a été tué par toute la presse et qui, comme le fils du Charpentier, ressuscite le troisième jour.

ROBERT. — Cette voix ! Eh ! c'est Bédarrieu, ça ?

BÉDARRIEU. — Lui-même, en chair et en os.

JOLIVARD. — Tu ne t'es donc pas suicidé ?

BÉDARRIEU. — Ah ! par exemple !

ROBERT. — L'inconnu, ce Russe, cet Italien, ce Portugais...

BÉDARRIEU. — Eh ! point, c'est un Berrichon.

JOLIVARD. — Un assassin ?

BÉDARRIEU. — Le meilleur garçon du monde.

ROBERT. — Il ne t'a pas égorgé pour te prendre tes 25,000 francs ?

BÉDARRIEU. — Je lui en ai gagné dix mille à l'écarté, sur parole. (*A demi-voix*.) Il faut vous dire que, pendant trois fois vingt-quatre heures, nous avons fait, lui et moi, une vie de Polichinelle. J'espère bien pouvoir disparaître de cette façon-là, trois ou quatre fois par an.

XXXIV

LE BILLET BRULÉ

Un assez bel appartement au second, situé rue du Helder. — La scène se passe au salon. — Brigitte, la servante, vient de sortir pour retourner à la cuisine, ce qui fait que le mari et la femme se trouvent, hélas ! dans le tête-à-tête le plus complet. — Monsieur prend un journal, fait mine de le lire et bâille. — Madame jette à la dérobée un coup d'œil sur ce spectacle et médite visiblement un plan d'attaque. — « Il bâille, donc il s'ennuie. — Pourquoi s'ennuie-t-il? Parce qu'il se trouve seul avec moi. — Pour sûr, il a le désir secret, mais ardent, de s'envoler. — Il attend que je lui dise : *Mon Dieu, puisque vous éprouvez tant d'ennui, ne vous gênez pas ; partez, filez.* — Mais point du tout; il ne sortira pas que je ne lui aie dit, au contraire, tout ce que j'ai sur le cœur. »

Ainsi parle madame Céline-Radegonde Vertu d'Asnières.

Pour se conformer à sa stratégie, madame Vertu d'Asnières va de son piano à sa tapisserie ; elle court d'un album de photographies à des potiches du Japon ; elle s'élance d'un fauteuil à un divan. Un Parnassien dirait d'une tigresse du Jardin des Plantes, qui ne peut demeurer en place dans sa cage. Entre nous soit dit, madame Céline-Radegonde Vertu d'Asnières serait une assez jolie petite brune, si elle était un peu moins grasse et si l'on ne constatait pas déjà comme un commencement de rubis sur l'extrémité de son nez, assez correctement dessiné à la Roxelane. — Il y a environ cinq ans qu'elle s'est mariée, église Saint-Louis d'Antin, à Mᵉ Théodore-Achille Vertu d'Asnières, avocat pour le contentieux, jadis fort épris, à présent un peu blasé sur les joies de la vie à deux. L'erreur profonde de la jeune épouse est de croire très fermement que la lune de miel doit durer toujours et qu'il n'arrive jamais de lune d'absinthe.

Quant à Mᵉ Théodore-Achille Vertu d'Asnières, avocat pour le contentieux, c'est un bellâtre que vous avez souvent rencontré dans le monde où l'on s'amuse. Il est blond-filasse, figure grasse et rose, les épaules carrées, la jambe assez droite, un lorgnon dans l'œil, retenu par un fil en caoutchouc. Étant étudiant au Pays Latin, il faisait des chansons décolletées, de façon à faire supposer qu'il deviendrait quelque jour un grand poète pour le café des Ambas-

sadeurs. Il a épousé sa femme, d'abord parce qu'il
faut faire une fin, ensuite parce que la petite personne avait en dot quinze mille livres de rentes. En
lui, voyez un Parisien renforcé, c'est-à-dire très fervent sur le Code du plaisir, ce qui lui fait négliger
l'autre.

Il n'y a que dix minutes, en entrant dans le cabinet de monsieur, mais en tapinois, les yeux et les
oreilles aux aguets, madame Vertu d'Asnières a sur-
pris son mari lisant, d'un air ultra-attentif, un billet de
papier rose, qu'il s'est hâté de cacher, puis de brûler
à la flamme de la bougie à laquelle il applique ses
bâtons de cire à cacheter ; mais, plus rapide qu'une
panthère de Java, l'épouse a arraché alors des mains
de l'époux ce fragment accusateur de papier rose,
sur lequel il y avait trois lignes écrites.

L'avocat a eu beau prendre un ton sévère et invoquer l'excuse de sa profession. — Papiers d'affaires !
— a-t-il dit. — Les grands airs et le mot n'ont pas
pris. — Qu'est-ce qui prend aux yeux d'une femme
jalouse ? — Dès le même moment a été prononcé par
la femme outragée un sermon en trois points, presque aussi remarquable que ceux de Bourdaloue. Ce
sermon, un sylphe qui est à nos ordres, l'a sténographié sur-le-champ pour que nous puissions l'insérer
dans ce volume.

« — Eh bien, cette fois, monsieur, vous ne direz

pas, j'imagine, que je ne suis qu'une folle et que je prends des vessies pour des lanternes. Cette fois j'ai les preuves du délit entre les mains. Les voilà ! C'est un papier. Il est aux trois quarts noirci par la flamme de la bougie, je le veux bien, mais le feu n'a pas tout consumé. Je suis arrivée à temps. J'ai sauvé l'essentiel. J'ai un témoignage certain de votre perfidie, Achille : un billet sur papier rose. Je le tiens. Je frissonne à la seule pensée de souiller mes yeux en lisant ce qu'il contient, car c'est une écriture de femme, je l'ai bien vu tout de suite, et considérant vos habitudes relâchées et vos mœurs obscènes, je ne vais pas trop loin en affirmant d'avance que cette femme ne peut être qu'une drôlesse.

» Qu'est-ce que c'est ? Vous me recommandez de me calmer. Le Dr Fauvel, dites-vous, m'a ordonné d'éviter ces scènes et de boire, tous les soirs avant de me coucher, une infusion de tilleul. Il ne s'agit pas de tilleul là-dedans, monsieur ; il ne s'agit que d'un billet rose, entendez-vous ? Je sais que vous avez la langue bien pendue, comme tous vos charmants confrères les avocats, y compris les avocats pour le contentieux. Mais, pour le coup, si fin renard que vous soyez, vous ne me la ferez pas à l'oseille, ainsi qu'on dit maintenant dans votre joli monde.

» Que je ne m'occupe pas de ce billet ? — Un chiffon insignifiant, dites-vous. Ta, ta, ta, je la trouve mau-

vaise. Encore une locution que vous m'avez apprise,
car vous m'en faites apprendre de toutes les couleurs, depuis que j'ai eu le malheur de me laisser
conduire par vous devant M. le maire. — Bon ! des
fredaines de jeune homme, trois valses avec la même
danseuse, un madrigal à une blonde, quand on a une
femme brune, le pied tendu criminellement sous la
chaise de la voisine, à table, tout cela n'est pas beau,
c'est du dernier vilain pour un homme comme il
faut, surtout pour un avocat modèle et conseiller
des familles. Cependant, je tolérais encore ces actes
de révolte, parce que vous étiez parvenu à me four-
rer dans la tête que ce sont des bagatelles admises
partout de nos jours et qui ne tirent pas à conséquence. Mais un billet reçu clandestinement, lu en
cachette, un billet sur papier rose, je ne suis pas
encore assez gobeuse pour avaler celle-là, Achille.

» Tout à l'heure vous avez essayé de m'amadouer.
Ah ! je connais ces façons d'homme coupable, vous
m'y avez habituée. Vous vouliez m'embrasser,
Achille, et, tout en m'embrassant, m'arracher des
mains ce papier honteux. Par bonheur, je ne suis
plus cette petite serine dont vous faisiez tout ce que
vous vouliez pendant notre lune de miel. A la vérité,
c'était là le bon temps, monsieur ; comme il a passé
vite ! Bref, vous cherchiez à me prendre ce billet. Oui,
essayez encore. La lionne qui défend ses petits con-

tre vingt Kabyles à la fois aurait moins de fureur et
ne vous égratignerait pas autant. — Non, non, je le
tiens, je vais le lire. — Nous verrons après, monsieur, quelle décision j'aurai à prendre.

» Une écriture de femme, ne l'avais-je pas dit?
Malheureusement, les mots sont un peu charbonnés.
Ah! ah! la signature! Et la signature est intacte :
Zuleïka. Elle se nomme *Zuleïka!* — Et qu'est-ce que
cette *Zuleïka*, s'il vous plaît? — Une cliente! Ah! c'est
juste... J'aurais dû m'y attendre ; ce sont toujours des
clientes. Mauvaise excuse : vieille balançoire! Celle-
là, nous la connaissons, Achille. Jamais une cliente
pour le contentieux ne se nommerait *Zuleïka.* J'en
appelle à *l'Almanach des 25,000 adresses* et à tous les
almanachs de l'univers!

» Poursuivons, allons plus loin, monsieur. Je puis
lire : *Mercredi soir.* — Ah! c'est interrompu par la
brûlure. — *Petit Moulin-Rouge.* — Qu'est-ce que ça
veut dire? Vous dites que c'est un billet d'une jeune
veuve qui, parmi ses biens, possède un petit moulin
rouge, et qu'elle a un procès relativement à cette
propriété, qu'un avide collatéral cherche à lui enlever. Oui, encore quelque conte. Comment une veuve
pourrait-elle signer *Zuleïka* comme une héroïne de
Byron? Et, d'ailleurs, où est-il situé, ce prétendu
petit moulin rouge? Voilà ce que je ne serai pas fâchée de savoir. —C'est un pays que je ne connais pas?

Nous allons bien voir. Je continue : *Avec Ernest*. Qui
ça, Ernest ! Un artiste, un peintre, un musicien, un
avocat, un journaliste ! quelque chenapan ! — *Nous
casserons les verres et nous rirons.* — Hein ! qu'en dites-
vous? *Ohé! les petits agneaux, qu'est-ce qui casse les verres?* Bon ! A votre sens, en fait de procès, on dit :
Casser les verres, casser les vitres, de même qu'on
dit : Mettre les pieds dans le plat... Et pourquoi casser des verres avec cet Ernest? — Ernest, c'est l'ad-
versaire, l'homme contre lequel plaide cette *Zuleïka?*
— Ah! quel menteur! ah ! quel habile coquin vous
faites. Achille! — Et *nous rirons.* — Pourquoi y a-t-
il : *Nous rirons?* Le proverbe : Rira bien qui rira le
dernier. Oui, encore une ressource de votre élo-
quence.

» Malheureusement pour vous, Achille, ce n'est
pas fini. Il y a encore quelques mots : Je chanterai
l'*Amant d'Amanda.* — Eh bien monsieur, qu'est-ce
que vous en dites? Voilà une étrange façon de parler
d'un procès au contentieux : L'*Amant d'Amanda*, une
horreur, à ce qu'on dit un peu partout. — Vous pré-
tendez que c'est de l'ironie? — Mon Dieu! ne vous
moquez donc pas tant, Achille. Ma crédulité est à
bout. — L'*Amant d'Amanda*, c'était le dernier coup à
me porter. Certes dans tout cela, il y a quelque horrible mystère. Une dame Zuleïka, une biche, une co-
cotte, une cocodette, une gommeuse, pour sûr. Un

petit moulin rouge dont j'ignore la véritable situation géographique. Enfin, une romance : l'*Amant
d'Amanda*. En voilà assez, monsieur. J'emporte ce
billet en cendres et je vais le lire à ma mère. Vous
êtes avocat pour le contentieux ; eh bien, vous prie-
rez un de vos confrères de plaider pour vous opposer
à la séparation de corps, si le cœur vous en dit. »

Fausse sortie. — Madame Vertu d'Asnières répand toutes les
larmes de son corps.

« Eh bien ! non, Achille. Je devrais, mais je ne me
sens pas la force d'accomplir cette séparation.
Achille, si tu savais, ce matin, à mon réveil, j'ai senti
tressaillir quelque chose en moi ! Achille, comme ce
papier arrive à contre-temps ! Un garçon ! tu en dé-
sires un ! Le voilà qui vient, et il se présente au milieu des orages ! (*Elle se jette à son cou.*) Comment le
nommerons-nous ? Léon ? Jules ? Eugène ? Ernest ?
Non, pas Ernest, ça rappellerait Zuleïka. Il sera médecin. Non, pas médecin, c'est trop grave. Il sera
soldat, officier, colonel ! Non, pas colonel, on nous le
casserait à coups de canon. Il sera avocat. Non, pas
avocat, pas avocat au contentieux, du moins. (*A
part.*) C'est égal, il faut que je sache ce que c'est que
cette *Zuleïka* et son Petit Moulin-Rouge ! »

XXXV

IL Y A PIERRETTE ET PIERRETTE [1]

SCÈNE PREMIÈRE.

La scène se passe sur la route de Lyon.

Un paysan arrive cahin-caha, avec sa fille et son ânesse. — Chemin faisant, il rencontre Guignol, le Polichinelle lyonnais.

GUIGNOL. — Où vas-tu comme ça ?

LE PAYSAN. — Chez notre monsieur, qui est précisément votre maître.

GUIGNOL. — Quoi faire ?

LE PAYSAN. — Le prier d'abaisser un peu le prix de mes fermages.

GUIGNOL. — Quel discours lui feras-tu ?

LE PAYSAN. — Ça n'est pas moi, c'est Pierrette, ma fille, qui lui fera le discours.

GUIGNOL, *regarde Pierrette.* — Hé! hé! jolie per-

1. Ces scènes ont été sténographiées au petit théâtre de Guignol, à Lyon.

sonne ! fraîche ! une pêche ! Je te préviens que mon
maître en est très friand. Guide-toi là-dessus. (*Il
s'en va.*)

SCÈNE II.

A Lyon. — Avant d'entrer chez le monsieur, le paysan fait la
leçon à sa fille.

LE PAYSAN. — Écoute bien, Pierrette.

LA JEUNE FILLE. — Oui, père.

LE PAYSAN. — Aussitôt que tu m'entendras dire que
je paye trop cher, tu te mettras à pleurer.

LA JEUNE FILLE. — Entendu, père.

SCÈNE III.

On entre. — Ils sont introduits auprès du propriétaire, vieillard
riche, oisif et libertin.

LE PROPRIÉTAIRE. — Qu'est-ce qui vous amène ?

LE PAYSAN. — Tout a gelé.

LE PROPRIÉTAIRE. — Fichtre !

LE PAYSAN. — Tout a grêlé.

LE PROPRIÉTAIRE. — Diable !

LE PAYSAN. — Mes bestiaux sont morts.

LE PROPRIÉTAIRE. — Ah ! bigre !

LE PAYSAN. — Vu tout ça, je viens, not'maître, vous
demander une petite diminution, qui est de toute
justice !

LE PROPRIÉTAIRE. — Diminuer ! Je n'entends pas de cette oreille-là, moi.

En ce moment, un grand cri se fait entendre ; c'est Pierrette qui se lamente.

PIERRETTE. — Ah ! Dieu de Dieu, ruinés ! nous sommes ruinés pour toujours !

LE PROPRIÉTAIRE, *regardant*. — Tiens, un joli brin de fille, tout de même.

PIERRETTE, *redouble*. — Hi ! hi ! hi ! hi ! Qu'allons-nous devenir ? Hi ! hi !

LE PROPRIÉTAIRE. — Allons, ma belle enfant, ne vous lamentez pas comme ça. Nous allons arranger l'affaire. (*A part.*) Mais c'est qu'elle est charmante ! Tiens ! si j'osais... Eh ! oui, osons. (*Au père.*) Brave homme, je veux faire quelque chose pour vous, j'invite votre fille à dîner pour ce soir même.

LE PAYSAN, *ahuri*. — Où ça ?

LE PROPRIÉTAIRE. — A six heures sans faute, là, dans le petit pavillon.

LA PAYSAN. — Pierrette y viendra, otre monsieur.

SCÈNE IV.

On se retire, mais le paysan a compris. Dès qu'ils se retrouvent dans la rue, il congédie sa fille, quoique celle-ci continue à pleurer.

PIERRETTE. — M'en aller ? Pourquoi ça ? Je vais dîner avec le monsieur, puisqu'il m'a invitée.

LE PAYSAN. — Ah ! par exemple ! Ce serait du beau !
(*Se cognant le front.*) Ah ! la bonne farce ! (*Tout haut.*)
Je lui ai promis qu'il dînerait avec Pierrette, eh
bien, c'est avec Pierrette qu'il dînera.

Il va chercher son ânesse, qu'il appelle aussi Pierrette, et il l'a-
mène. — C'est Guignol, le valet, qui vient ouvrir.

GUIGNOL. — Qu'est-ce que c'est que ça ?

LE PAYSAN. — Pierrette, une jeune personne.

GUIGNOL. — Tiens, ça ne manque pas de mordant.
(*Il va à son maître.*) Monsieur, c'est la jeune personne que vous attendez pour dîner.

LE PROPRIÉTAIRE. — Reçois-la avec les plus grands
égards.

GUIGNOL. — Sans doute. Mais, bourgeois, où faudra-
t-il la faire asseoir ?

LE PROPRIÉTAIRE. — Sur une chaise donc !

GUIGNOL. — Sur une chaise ! En voilà encore une
bonne ! Et où mettra-t-elle sa queue ?

LE PROPRIÉTAIRE. — Tais-toi, rustre, tu ne dis que
des sottises ou des indécences.

SCÈNE V.

Tandis que le maître va donner des ordres, Guignol introduit
cérémonieusement l'ânesse dans le pavillon. — Aussitôt l'animal dépaysé de briser avec fracas les meubles et les glaces. —
Au bruit, le fils de la maison accourt tout effaré.

LE FILS. — Qu'est-ce qu'il y a ?

GUIGNOL. — Presque rien monsieur.

LE FILS. — Comment ! maroufle ! presque rien ? De la vaisselle cassée ! Des cristaux brisés ! Des glaces en morceaux ! Presque rien tant de dégâts ! Qu'est-ce que ça signifie? D'où ça vient-il ?

GUIGNOL. — Tenez, monsieur, je vois qu'il faut tout vous dire.

LE FILS. — Eh ! sans doute.

GUIGNOL. — Eh bien, c'est moi qui suis cause de tout, monsieur.

LE FILS. — Toi, pendard ? Comment donc ça ? Parle !

GUIGNOL, *montrant l'ânesse.* — C'est la bête à la laitière.

LE FILS. — Eh bien, après?

GUIGNOL. — La laitière a l'habitude de l'attacher à la porte.

LE FILS. — Un abus !

GUIGNOL. — Tout juste. Or, ce soir, l'ânesse, indocile comme elles le sont toutes, a cassé le licou.

LE FILS. — Achève donc !

GUIGNOL. — Ça l'a enhardie, et elle est entrée dans le pavillon.

LE FILS. — Et après ?

GUIGNOL. — S'y voyant seule, elle a tout dévasté. (*Sous forme d'aparté*). Les belles blagues que je viens de faire !

SCÈNE VI.

Survient le père fort troublé. — A la vue du paysan, de l'ânesse,
du fils et de Guignol, il ne sait que dire. Pourtant il interpelle
le paysan.

LE PROPRIÉTAIRE. — Eh bien, et Pierrette ?

LE PAYSAN. — La voilà.

GUIGNOL, *bas à son maître*. — Monsieur, diminuez le
fermage, ou votre fils saura tout.

LE PROPRIÉTAIRE. — Soit, mais une autre fois, je me
rappellerai sans doute qu'il y a Pierrette et Pierrette.

Tout cela rappelle assez une jolie saynète du théâtre espagnol intitulé : *l'Ane rasé.*

XXXVI

LOLA MONTÈS

Voilà sept ans, on faisait grand bruit du coup de
pistolet que M. Alexandre Duval venait de se tirer à
Chaillot, dans le salon d'une biche anglaise. Paris
aurait pourtant dû être blasé à cet égard. Un coup
de pistolet qui ne tue pas, la belle affaire ! Une vieille
courtisane, rousse, toujours maquillée, le beau ragoût ! Il y a trente-cinq ans, une autre étrangère nous
a causé des émotions bien autrement pimentées.
Celle-là a cent fois plus remué le monde et le demi-
monde, la presse, le théâtre et les tribunaux. Bien
mieux, elle a agité la cour de Rome, la Bavière et
l'Europe entière. — Mon Dieu ! qu'est-ce donc que
Cora Pearl, cette cruche d'outre-mer, si l'on ose la
comparer à Lola Montès, la brillante escarboucle des
Espagnes ?

Un jour de printemps, en 1846, on vit apparaître
tout à coup dans le Pays-Breda, un des arrondisse-

ments du royaume de Bohême, cette nouvelle venue qui, dit-on, descendait des Pyrénées. Quelques-uns prétendaient que c'était une gitana ; d'autres voulaient que ce fût une Irlandaise *espagnolisée*, espèce déjà à la mode. La vérité est que c'était une fort belle fille, de très modeste origine, née à Getafe, près de Séville.

Lola était de belle taille, le cou très blanc et merveilleusement dessiné, la figure ovale, d'une pâleur mate, des yeux noirs plus grands que la bouche, laquelle ressemblait à une grenade en fleur, comme l'a écrit Théophile Gautier. Elle avait une magnifique chevelure aussi couleur d'ébène, qu'elle rendait plus belle encore, quand elle y mêlait une branche de jasmin blanc. La mantille lui seyait à merveille. Cependant il ne fallait pas lui parler de l'éventail traditionnel des femmes de son pays ; elle lui préférait la cravache.

Cette cravache de la nouvelle débarquée était déjà presque aussi fameuse que l'épée à pommeau d'agate de Mudarra-le-Bâtard. Elle ne la quittait presque jamais, même pour aller à pied. On en avait beaucoup parlé. Avant de venir directement à Paris, Lola avait fait une halte aux eaux d'Allemagne ; là, après un souper, elle avait été emportée à Berlin par une manière de comte et de diplomate qui avait mangé pas mal de thalers pour elle. Ce Prussien lui avait donné une

maison, une livrée, une voiture. Ce n'était pas assez
pour Lola. Elle voulait débuter au grand théâtre en
qualité de danseuse, mais le directeur l'ayant étudiée
lui dit :

— Senorita, vous mettez trop de cachucha dans
vos jetés battus ; vous n'êtes pas assez chaste. Pas
moyen de vous faire débuter.

Pour toute réponse, l'Espagnole prit un flambeau
d'argent sur la table et le jeta à la tête de l'imperti-
nent. — On courut après elle ; Lola se sauva dans sa
voiture. On appela les gendarmes à cheval, Lola
commanda de courir plus vite qu'eux. Le cocher,
gros Poméranien essoufflé, se refusa de le faire ; Lola
monta sur son siège, et, les gendarmes s'étant pré-
sentés, elle les reçut à coups de cravache. Aussitôt
tout le peuple d'applaudir, quoique ce peuple fût
Allemand. Mais le lendemain, la belle fille reçut ordre de partir ; c'est alors qu'elle vient à Paris.

— Elle a cravaché des gendarmes !

Ces paroles étaient mieux qu'un éloge, c'était le
commencement d'une grande réputation.

Ainsi elle trouvait la grande ville encore fort émue
de cette affaire. Tous ceux qu'elle alla voir lui en
parlèrent comme d'une prouesse. Elle se contenta
d'en rire avec eux, mais elle s'empressa aussi de ramener la conversation vers le but chorégraphique de
son voyage.

— Quel est le chemin le plus court pour arriver à l'Opéra ? demanda-t-elle.

— C'est d'aller voir les journalistes.

— Allons-y, répondit Lola ; mais, voyons, faut-il y aller avec ma cravache ?

— Sans aucun doute. Ce sera original.

Elle en vit dix, présentée qu'elle était par***, un lion d'alors. On lui dit qu'on parlerait d'elle quand elle débuterait. — M. Léon Pillet, directeur de l'Opéra, lui avait assuré trois représentations et madame Rosine Stoltz l'encourageait grandement.— On l'afficha. — Tout le boulevard était en l'air. — On se faisait une fête d'aller voir cette Espagnole qui avait donné de si beaux coups de cravache aux gendarmes de Berlin.

Hélas ! il faut tout dire, elle était charmante, cette Lola, très jolie, très fantasque ; elle avait le diable au corps, mais elle ne savait pas danser, du moins comme on danse d'ordinaire sur une des premières scènes du monde connu. Elle fit *fiasco*. Pourtant Paris avait encore quelque goût pour elle. On lui jeta des bouquets à cause de sa beauté et on se moqua d'elle à cause de sa danse. On applaudissait ironiquement. L'orchestre riait à se tordre.

Cependant elle avait fait un tour charmant, à ce qu'elle croyait. En dansant, elle venait de dénouer sa jarretière, et, après l'avoir déchirée à l'aide de

ses dents et de ses mains, elle en avait jeté les morceaux aux dilettanti des avant-scènes et de l'orchestre. — Les plus crânes trouvèrent ça un peu
raide, comme on dit aujourd'hui. — Toute autre
eût été sifflée. Les applaudissements redoublèrent.

— Ah ! répétait le public en riant, c'est cette belle
fille qui a si bien cravaché la police de Berlin !

Toute la salle avait ri et applaudi, mais on ne re-
nouvela pas l'épreuve des débuts. Les amateurs
étaient fixés. Elle ne savait pas danser.

A la vérité, les succès de Lola Montès dans le
monde devaient la consoler de ses malheurs de
théâtre. Un Italien, dont je n'ai pas à parler ici,
s'était d'abord donné pour tâche de la *piloter ;* Fiorentino fit un moment une sorte de ménage avec
elle. (Il l'avait présentée un jour à la rédaction du
Corsaire.) Mais, un soir, à la suite d'une querelle,
comme il l'avait menacée, — seulement menacée, —
elle s'était jetée sur sa cravache, et... — ma foi, je
ne dirai pas le reste. — Il y eut séparation à l'instant même en présence de Galoppe d'Onquaire,
l'auteur de *la Femme de quarante ans*, qui avait vai-
nement cherché à remplir l'office de juge de paix. —
Lola prit son essor et s'envola dans le monde des
financiers.

Elle menait bon train, mais cependant sans recevoir autant de diamants que les princes et les co-

codès en ont donné depuis à Cora Pearl. Deux mille francs par mois lui suffisaient, tant on était encore simple dans ce temps-là.

Elle voulait danser derechef et sur un théâtre. — Dujarrier, directeur de *la Presse*, s'offrit et la présenta pour un second essai. Lola hochait la tête.

— Dujarrier lui-même ne comprend pas toute la pensée de ma danse, disait-elle ; seulement il a la complaisance de feindre l'enthousiasme. Et puis Théophile Gautier, le feuilletonniste de son journal, est pour la chorégraphie classique de Carlotta Grisi, et il ose se dire romantique !

Le second essai arriva ; il eut lieu au théâtre de la Porte-Saint-Martin. — Il faut le confesser, ce fut une seconde édition de la soirée de l'Opéra. — On jeta encore des fleurs à l'Espagnole et on se moqua encore d'elle. — Il n'était plus possible de recommencer la partie.

Lola Montès a laissé des *Mémoires*, — une plaquette de 30 pages, — (Fiorentino *scripsit*). — Il faut voir comment elle parle de l'ânerie des Parisiens en matière de danse.

— Ils n'entendront jamais rien à un rond-de-jambe ! — dit-elle.

Très peu de temps après la soirée de la Porte-Saint-Martin, eut lieu le fameux souper des Frères-Provençaux, où elle assistait avec Alexandre Dumas père, Roger de Beauvoir, deux ou trois autres, et où s'engagea le duel qui finit par la mort de Dujarrier, — une balle dans la tête.

— Je sais tenir le pistolet aussi bien que la cravache, disait Lola. Pourquoi ne m'a-t-on pas permis de me battre à sa place? Les choses se seraient passées autrement. Et pourtant c'est en partie à cause de moi que le directeur de *la Presse* s'est fait tuer? C'était à moi de me mettre en ligne!

On intima à la danseuse l'ordre de quitter Paris; Lola s'en alla en Allemagne. Ce fut alors qu'elle fit rencontre du roi Louis de Bavière, roi poète et libre penseur, qui l'appela dans ses conseils.

Lola, femme politique! Toute la société de Jésus, puissante à Munich, se souleva contre l'Espagnole et exigea son renvoi. En cédant, le roi Louis la nomma comtesse de Lansfeld et lui donna une cassette pleine d'or.

— Comment! disait-elle, la politique ne me réussit donc pas mieux que la danse?

Lola avait parlé de cravacher les jésuites.

Cette pauvre Lola a fini mal : d'abord par un mariage ridicule, ensuite par une mort obscure. Mais néanmoins, voyez sa supériorité sur Emma Cruch, avec laquelle elle a d'ailleurs tant de points de ressemblance. — Cora Pearl est Anglaise, Lola était Espagnole; Cora Pearl a voulu jouer l'opérette, Lola

l'a dansée ; Cora Pearl jouait de la cravache, Lola en
jouait bien mieux ; Cora Pearl a ruiné vingt *gommeux*,
Lola a plumé à peine quelques banquiers ; Cora Pearl
a été l'amie d'un prince, Lola a été la coqueluche
d'un roi ; Cora Pearl a été cause d'un coup de pistolet burlesque, Lola a fait naître une vraie tragédie,
la mort de Dujarrier. Au nom de la première, tout
le monde hausse les épaules de dégoût ; au nom de
l'autre, on sourit en disant :

— Dame, elle a si bien cravaché les gendarmes de
Berlin !

Lola Montès était une figure et, qu'on le veuille ou
non, il est certain qu'elle occupe une place dans l'histoire du dix-neuvième siècle.

XXXVII

BUSCAMBILLE ET MANGIN

En déblayant l'avenue de l'Opéra, on est allé jusqu'à la Butte des Moulins. En pénétrant jusqu'à la rue d'Argenteuil, on a rencontré le souvenir de Pierre Corneille, une des gloires les plus pures et les plus grandes de notre France. Tout près de Pierre Corneille, qui raccommodait lui-même ses souliers, l'homme de génie, parce qu'il était pauvre, à cinq ou six maisons du mince hôtel qu'il a habité, l'archéologue, l'historien et l'artiste rencontrent la demeure plus modeste encore de Buscambille.

Buscambille a été plusieurs types à la fois : un comédien, un poète, un tribun, un philosophe. Si les temps avaient été plus propices, il avait chance de devenir tribun du peuple, d'abord, et, en second lieu, homme d'État. *Sic non voluere fata*. Les destins ne l'ont pas permis. Ce n'est point une raison pour que nous ne disions pas, en passant, un mot de Buscambille.

Chez nos grands-pères, ce personnage avait la physionomie d'un histrion. Le soir, un peu avant le souper, — car on dînait dans le jour, — on disait :

« Pour nous donner de l'appétit, allons voir Buscambille. »

A bien prendre les choses, cela se passait du temps de Cyrano de Bergerac, c'est-à-dire avant l'implantation de la comédie italienne sur le sol français. On sortait à peine de la Ligue, on allait entrer dans la Fronde.

Dès lors, vous comprenez qu'il y avait, surtout au théâtre, alors naissant, une très grande licence. Buscambille ne savait pas mettre une bride à sa langue.

Buscambille, baragouinant le français, comme Giulio Mazarini, cardinal qui n'était pas prêtre, avait, d'un seul coup d'œil, étudié le peuple de Paris, et, pour plaire à ce peuple bizarre, qui n'a pas cessé d'être le même, il l'injuriait, il le flattait et il le flattait encore pour l'injurier davantage.

J'adore Buscambille, parce qu'il est un des rares fils d'Adam qui ont su user de la liberté de la parole.

Vous allez bien voir par les échantillons que je me fais un devoir de placer sous vos yeux.

Ainsi, Français du dix-neuvième siècle, lisez ce discours, un prologue à une saynète, genre espagnol, que Buscambille et ses camarades jouaient devant un public de quinze cents têtes.

— Me voilà. — Fort bien; mais on va me demander : « Qui es-tu ? » — Monsieur le Parisien, je me nomme Buscambille. — Mon métier? — Ça dépend. Sur l'affiche, je suis comédien, ayant pour devoir d'amuser les sots. Pour les gens d'esprit, je suis un philosophe; mais il en est peu qui sachent me comprendre. J'ai commencé par vouloir débiter des maximes de sagesse; on m'a tourné le dos en criant: — « Ah! le butor ! » J'ai changé de langage ; j'ai lâché des chansons, des pont-neuf, des polissonneries. La rue alors a murmuré : — « Voyons ce que chante ce bélître! » — Étant sur la voie, je me suis hasardé à faire des grimaces. Tout le monde a applaudi. Un soir qu'il m'était brusquement venu à la pensée de faire la cabriole, là, sur les planches, la foule se tordait de rire. Il y a une jeune femme grosse qui a accouché à force d'émotions, en disant :

« Dieu! que ce drôle est donc amusant! »

« Ayant vu ces choses-là, j'ai médité sur ce qu'est le peuple de Paris. Ce peuple, ça lui fait plaisir qu'on lui chatouille les oreilles de ses propres louanges, mais ça ne lui déplaît pas non plus si l'on se met à le traiter du haut en bas. Oui, c'est un grand peuple, qui a la tête près du bonnet, mais, au fond, il se ferait pendre pour entendre débiter une bonne farce. Il arquebuse facilement dans les rues les princes, les grands et les ministres ; mais, pendant quatre heures de continuité, il suivra, tout le long des rues, un singe habillé de rouge, coiffé en général et couvert de clinquant. Je l'ai vu casser les vitres d'un échevin qui avait maintenu trois jours de trop la taxe sur le petit-salé. Je l'ai vu se rouler de joie parce que je m'étais fait des mouches sur la joue, avec du noir de fumée et des mouchures de chandelle. »

Buscambille, ne redoutant pas les longueurs, continuait sur le même ton.

— Au théâtre, le peuple de Paris se montre aussi fervent que le peuple de Suède au prêche. Malheur à qui l'empêcherait d'entendre Pascariel au moment où il débite ses sornettes amoureuses à Argentine. Mais il ne se connaît pas grandement en beaux ouvrages. Nous venons de monter pour lui une comédie sublime, avec airs variés, sous ce titre : *la Veuve aux trois galants*. La moralité de l'affaire, c'est que la femme la plus honnête a toujours, en cas de veuvage, des soupirants de rechange pour choisir un second mari. C'est composé à la manière italienne, avec des traits d'esprit comme on n'en exhibe que chez les duchesses. Eh bien ! va te faire lanlaire, mon oison de peuple de Paris n'y entend goutte. C'est, par comparaison, comme si vous jetiez de la confiture de Bar sous le nez des cochons.

Encore les compagnons de saint Antoine font-ils grande fête aux friandises qui leur sont servies par leurs porchers.

Une autre fois, s'emparant d'un tour assez original, bien qu'il fût renouvelé du vieux Plaute, Buscambille, voulant toujours jouer d'impertinence, faisait mine de s'adresser à un personnage de convention, à un père noble, à un père dindon, au papa Pandolphe, mais c'était pour lui dire impunément tout ce que le farceur pensait des Parisiens.

— Seigneur Pandolphe, tous ces Parisiens sont d'honnêtes gens. Il se trouve parmi eux des tirelaine, mais ne craignez rien, ils ne vous voleront pas. Beaucoup de leurs femmes sont des catins, mais que ça ne vous empêche pas de vous marier. Procureurs, huissiers, prêtres, bedeaux, marchands, c'est à qui se moquera de vous, mais, au besoin, tous deviendront vos bons amis, et, vous devez le savoir, on ne saurait vivre en ce bas monde, si l'on n'a pas quelques bons cœurs qui s'intéressent à vous.

Qu'on cherche bien, et l'on verra que, dans cette tirade de l'histrion, il y a beaucoup de vieil esprit français, et du meilleur.

Notre temps aussi a eu son Buscambille. J'ai nommé Mangin, le marchand de crayons.

Mangin, le charlatan en plein air, Mangin, avec

son casque romain à plumes rouges et vertes, Mangin, dont la musique de cuivre a précédé celle de Jacques Offenbach, Mangin était, hier encore, une des célébrités de Paris. Qui ne l'a vu faisant son commerce, tantôt sur la place de la Madeleine, tantôt au pied de la colonne de la Bastille ; Vert-de-Gris ! son partenaire et son disciple, Vert-de-Gris, si bizarre, est aussi légendaire. — En passant, une fois, nous avons noté une de ses allocutions, et nous la reproduisons textuellement ici, absolument comme nous venons de le faire pour celles de Buscambille.

MANGIN (sur le haut de sa calèche, après une fanfare jouée par son orchestre). — Me voilà. (*Il regarde attentivement tout son auditoire.*) Oui, messieurs, c'est bien moi. On m'a cru mort. Les journaux ont dit que j'avais laissé 400,0 0 livres de rente! Si je les avais, tas de crétins, croyez bien que je ne viendrais pas faire le polichinelle au milieu de vous.

» Non, mes gaillards, je ne suis pas mort. Regardez ma mine ; elle est meilleure que celle de mes crayons !

» Tout Paris parle de moi. On a fait ma tête en pipe. (*Il montre une pipe culottée.*) C'est ce qui a fait dire que j'étais *fumé*.

» Au Théâtre des Folies-Nouvelles, on suce des sucres d'orge à l'absinthe ; on y sucera bientôt mes crayons.

» On a peint ma tête partout, sur des murs, sur
des foulards et même dans des assiettes. Et quand
un enfant ne voulait pas manger, on lui mettait sa
part dans une de ces assiettes, et le père disait en
riant :

« — *Mange, hein !* »

» Un vieillard vénérable me quitte à l'instant.

« — Pourquoi, monsieur Mangin, me dit-il, ne
» mettez-vous pas vos crayons à dix sous ? »

» Je l'ai regardé en répondant :

« — Si tout le monde mangeait du poulet, qui
» mangerait des pommes de terre, monsieur ? »

» J'ai mis mes crayons à la portée de tout le
monde et vous, tas d'imbéciles qui me regardez,
vous croyez que j'ai besoin de vos gros sous ? (*Montrant une vannette couverte de médailles d'étain et de
cuivre.*) Tenez, voici de l'argent ! Tenez, voici de
l'or !

» Oui, vous êtes des badauds. Si j'étais venu en
habit noir, vous ne m'auriez pas seulement régardé.
Alors, j'ai pris un casque, j'y ai mis des plumes !
J'ai endossé un manteau de velours... Il y a de l'or
dessus. (*Montrant son casque avec son index.*) En
voilà, n'est-ce pas ? J'ai pris Vert-de- Gris ; il joue
faux comme un chaudron, mais vous venez tous
l'écouter, la bouche ouverte.

» Vous n'achetiez pas mes crayons quand je les

vendais un sou ! Maintenant, je les ai fait dorer ; je les vends quatre sous, et vous vous battez pour en avoir ! Tenez, tout à l'heure, il n'y en aura plus ; vous m'en demanderez à genoux ! Je ne vous en donnerai pas ! »

Épisode touchant et presque poétique : ce saltimbanque avait une fille, qu'il faisait élever avec un soin excessif. Il disait, en particulier : « J'en ferai une honnête femme et une grande dame. »

Mangin est mort de mort subite.

XXXVIII

LE CHIMISTE

La scène se passe, le soir, pendant un entr'acte, au foyer de l'Opéra-Comique.

LE RASLE. — Il t'est venu un gros garçon?

LAMBERT. — Mon Dieu, oui, ce matin. Et à toi une fille?

LE RASLE. — Il est vrai, mon cher.

LAMBERT. — Félicitons-nous réciproquement. (*Avec chaleur.*) Puisque la poule aux œufs d'or a depuis longtemps pondu dans ta maison, il n'y a pas de souhaits à faire pour ta fille ; c'est, dès à présent, la filleule des fées à laquelle tous les biens du monde seront prodigués, mais mon garçon...

LE RASLE. — Tu es un pauvre diable, soit, mais tu es un honnête homme. Qui pourrait empêcher ton fils d'avoir, un jour, un bel avenir?

LAMBERT. — Le guignon héréditaire, pardieu.

LE RASLE. — Cher ami, il y a dans notre dix-neuvième siècle un tel trésor de ressources pour tout le monde que le premier venu peut être admis à avoir une vie d'altesse.

LAMBERT. — Tu crois ?

LE RASLE. — Seulement il faut savoir comprendre son temps.

LAMBERT. — Qu'entends-tu par là ?

LE RASLE. — Écoute-moi bien. Voilà ton garçon. Dès aujourd'hui il s'occupe de grandir. Demain il marchera seul. Après demain, il étudiera afin de s'apprêter à jouer un rôle dans la société. Un peu plus tard, il fera tout à coup un homme. Qu'en feras-tu ?

LAMBERT. — Je t'avouerai naïvement, cher ami, que je n'en sais absolument rien.

LE RASLE. — Eh bien, c'est un tort. En cela, il faut savoir se décider dès le premier jour afin d'insuffler au sujet une vocation puissante. Tous les hommes pratiques te chanteront cette chanson-là, vois-tu.

LAMBERT. — Peut-être as-tu raison.

LE RASLE. — Ce n'est pas peut-être ; c'est très sûrement. Voyons, réfléchis et décide-toi. Que sera-t-il ?

LAMBERT. — Diable ! tu me prends bien au dépourvu. D'abord la chose le regarde bien un peu et, à l'âge de dix heures qu'il a, il est probable qu'il serait fort en peine d'exprimer à ce sujet aucune préférence.

LE RASLE. — Soit. Parle pour lui, alors.

LAMBERT, *hésitant*. — Ma foi, non. Je ne sais pas. Je n'ose pas. (*Se ravisant.*) Puisque tu es si fort sur ces choses-là, toi, voyons, ami, conseille-moi.

LE RASLE. — D'accord, mais il faut me prêter toutes tes oreilles.

LAMBERT. — Si j'en avais cent, tu les aurais toutes les cent.

LE RASLE. — Mon cher, si, au lieu de naître en 1880, ton fils était venu au monde en 1860, je t'aurais dit : « Fais-en un peintre et, spécialement, « un paysagiste ».

LAMBERT. — Pourquoi ?

LE RASLE. — Sur la fin de l'Empire, un peintre l'emportait sur tous les autres, c'est connu. Ce qui se passait journellement à l'Hôtel des Ventes explique assez le sens de mes paroles. Bien entendu, il n'est question à ce sujet que des chances de gain. On ne croit plus que le bonheur puisse dépendre d'autre chose que du sac. Vois donc combien on a fait avec la défroque de Fortuny ! Vois donc comme on court après un Meissonnier ! Quand un artiste venait à mourir, quel regain il laissait après lui ! Tableaux et dessins, Millet avait dans son rustique atelier de Barbizon pour 535,000 d'enchères. Conclusion : — « Faites donc de votre fils un peintre, » disait-on dans ce temps-là.

16.

LAMBERT. — Le fait est que c'était bien tentant.

LE RASLE. — C'était si tentant qu'Edmond About écrivait aux environs de cette époque : « Aujourd'hui les rois ne cherchent plus à épouser des bergères, mais des filles de peintres. »

LAMBERT. — Eh bien, est-ce que c'est changé ?

LE RASLE. — Oui, d'abord. Les peintres sont tous devenus millionnaires, du moins ceux qui l'ont voulu. Il suit de là qu'ils ont fait trop de chefs-d'œuvre qui n'en étaient pas. Dame, barbouillant du matin au soir, et ils ne sont pas moins de 6,000 à Paris, ils ont couvert de leurs toiles l'Europe et les deux Amériques. Pendant quinze ans, l'or a coulé autour d'eux par ruisseaux. Mais, un beau matin, on a trouvé qu'il y avait encombrement de tableaux. Cette réplétion a fait que la vente s'est ralentie et puis qu'elle s'est arrêtée tout à coup. Il a fallu déchanter. Cependant nos gaillards avaient pris des habitudes de satrape. Ils aiment le luxe, la belle vie, toutes leurs aises. Les *Petites Affiches* nous apprennent que, dès 1875, dix-huit ont été obligés de vendre leurs jolies maisons de campagne. S'il n'y avait eu que ça, le malheur n'eût été que léger, mais on connaît des drames lamentables.

LAMBERT. — Que veux-tu dire ?

LE RASLE. — Un jour, le pauvre Tassaërt s'est tué de désespoir. Une autre fois, ça été Charles Marchal, celui qui faisait si bien les femmes. Ainsi la peinture est donc retombée dans le marasme.

LAMBERT. — Mais cet art qui a été si prospère, il y a quelque temps, ne peut-il pas redevenir bon ?

LE RASLE. — Si, pardieu, cela peut être. Néanmoins il faut réfléchir. Peintre, tout le monde pourtant ne peut pas l'être, car enfin il faut certaines aptitudes. Tous les cerveaux ne savent pas concevoir l'agencement d'une scène ou la disposition d'un paysage ; tous les yeux ne s'entendent pas à voir ; il y a des myopes, des presbytes, des prunelles qui ont toujours la jaunisse ; il y a surtout des vues éborgnées qui, en apercevant, ne saisissent rien. Et les mains ! Tels doigts seraient inhabiles à tenir le crayon ou à faire courir un pinceau sur la toile. Admettons donc les cas rédhibitoires. Si tu ne peux faire de ton fils un peintre, ce n'est qu'un petit malheur ; on en fera un chimiste.

LAMBERT. — Qu'est-ce que c'est que la chimie?

LE RASLE. — Pour nos grands-pères, c'était la science à l'aide de laquelle on pouvait changer tous les métaux en or, ou l'art qui fournissait le moyen de prolonger l'existence au delà des bornes de la vie humaine. Mais nous n'y sommes plus depuis cent ans. C'est devenu une chose nouvelle, que Léon Gozlan définissait très finement par ces mots : « La chimie est le lyrisme de la droguerie. » Il est très

certain que le dix neuvième siècle ne peut se passer
de chimistes. Henri IV disait : «Plantez des Gascons,
cela pousse partout. » Même chose pour les chimistes. Où n'en met-on pas? Nous en voyons à l'école,
dans les chambres parlementaires, à l'Institut, devant les tribunaux, dans les ministères. Il en faut
dans les usines. On en exige un pour le moins dans
l'économie de tout chemin de fer. L'Observatoire en
a, les abattoirs aussi. Toute femme du monde qui
tient un salon dit souvent à ses intimes : « — Ame-
nez-moi donc de jeunes chimistes. Premièrement,
l'espèce excelle à danser ; secondement, nous avons
beaucoup de jeunes filles à marier. »

LAMBERT. — Comment! les femmes ont tant de
goût pour cette espèce ?

LE RASLE. — Les femmes! elles ne veulent plus
entendre parler d'une autre spécialité depuis que le
Journal des Débats a appris au monde qu'un certain
Berthelot, savant à diplôme, professeur de chimie
au Collège de France, a réussi à faire du diamant.

LAMBERT. — Du diamant!

LE RASLE. — Avant lui, il n'y avait pour cela que
Dieu le père. Je ne saurais te dire à quel point les
duchesses elles-mêmes estiment ce Berthelot, qu'elles
n'ont, du reste, jamais vu. « — Ah! si je le tenais dans
un petit coin, s'écriait l'une d'elles, comme je le
forcerais bien à rajeunir ma parure! » Mais je re-

viens à l'affaire de ton garçon, tu en feras donc un chimiste.

LAMBERT. — Un Berthelot?

LE RASLE. — Ça va sans dire.

LAMBERT. — Mais ça coûte gros pour en arriver là?

LE RASLE. — Du tout. — Un chimiste n'a pas besoin d'un centime de mise de fonds pour faire sa fortune. Donnez-lui un bout de papier et une plume; cinq minutes de méditation, trois lignes au plus, d'une écriture formée à la diable, comme on dit, cela suffit. Il va ensuite trouver un banquier et sans aucune des précautions conseillées par la vieille rhétorique, il montre la formule à l'homme d'argent : « — Cinquante millions pour vous et pour vos actionnaires; un petit million pour moi, dit-il. Est-ce convenu? » La chose proposée concerne n'importe quoi qu'on transforme, le melon en sucre, le concombre en rhum, la feuille de sureau en absinthe, la corne de cerf en gelée. Peu importe la métamorphose. L'essentiel est que le résultat ait un nom qui finisse en *ine*. — La stéarine, la glycérine, la carotéine, etc., etc. Toute substance qui finit en *ine* a inévitablement des centaines de millions dans ses flancs. Il ne s'agit que de savoir les trouver.

LAMBERT. — Est-ce que le chimiste est un charlatan?

LE RASLE. — Ah! par exemple, non! Ni cela, ni autre chose de blâmable. Fais bien attention à un point : je ne dis pas, je ne dirai jamais, je n'ai pas dit une seule fois en ma vie que le chimiste soit un imbécile. Dieu me préserve de donner cours à une telle hérésie ! D'abord le chimiste sort, en général, des centres où l'on étudie le plus et le mieux. Quand il n'arrive pas en droiture de l'École de médecine, il vient de l'École polytechnique. Quand ce n'est pas de là, c'est de l'École normale ou de l'École centrale. Croyez que c'est un garçon ferré à glace.

LAMBERT. — Bon ! mais les commencements doivent être rudes ?

LE RASLE. — Pas énormément. Dans l'origine, à l'heure où il a à peine son diplôme, il brille encore comme la violette des bois, par un peu de modestie. Cette concession faite aux vieux usages passe vite. Aussitôt qu'il a jeté un coup d'œil sur le monde moderne, notre gaillard voit de quoi il retourne. Ce qu'il faut, ce n'est pas du savoir, ce n'est pas surtout de l'humilité. Malheur à l'homme timide ! Trois fois malheur !... Le chimiste comprend qu'il n'est entouré que d'une tourbe d'ignorants et de gens crédules, et il place ses batteries en conséquence. Il s'annonce sans barguigner comme un homme qui est capable d'opérer des prodiges. *Prodiges de la chimie*, la phrase est devenue vulgaire. On la trouve sur tous les murs, à la quatrième page de tous les journaux et dans la conscience de tous les sots. — Comment ne serait-ce pas une fortune ?

LAMBERT. — Tout à l'heure, tu te cabrais en me disant : « Ah ! ce n'est pas un charlatan ! »

LE RASLE. — Laisse-moi donc dire. — Le chimiste patenté sait d'avance qu'on le croira sur parole, quelle que soit l'énormité qu'il annonce. J'en ai connu un qui, devant vingt personnes, s'écriait sans broncher : — « Quand je voudrai, je ramasserai toutes les vieilles coquilles d'œufs et j'en ferai du marbre de Carrare. Et je trouverai des capitalistes pour mettre 1,500,000 francs dans l'affaire. » Tous ceux qui assistaient à cette scène disaient en sourdine : — « Il dit vrai ! Nous prendrions peut-être des actions ! »

Ne soyons pas étroitement injustes. Le dix-neuvième siècle doit de très grandes et de très nombreuses découvertes aux chimistes. Nul n'a plus contribué à agrandir la richesse moderne. Il a amélioré nos demeures, nos habits, nos champs, nos bestiaux, tout ce qu'il vous plaira.

LAMBERT. — Ainsi le chimiste est un dieu.

LE RASLE. — A peu près, puisqu'il crée sans cesse. Ce qui compléterait l'analogie, c'est que, s'il fait beaucoup de bien, il fait aussi beaucoup de mal.

LAMBERT. — Quel mal?

LE RASLE. — Un mal cent fois plus grand que celui

qu'ont pu faire au genre humain Cyrus, Senna-
chérib, César, Attila, Tamerlan, Charlemagne et Bonaparte : il fait mourir les hommes par centaines de
mille, mais, qui sait? c'est peut-être là sa mission
divine comme c'est le point de départ de sa fortune
terrestre.

LAMBERT. — Quel diable de galimatias me débi-
tes-tu ?

LE RASLE. — Je te dis l'homme tout entier, le chimiste, le vrai chimiste. Il se change en peste en bou-
leversant le système alimentaire des sociétés modernes. Mes preuves? Elles surabondent! En 1880,
l'homme le plus riche et le plus avisé n'est plus sûr
de ce qu'il mange ni de ce qu'il boit, tant le génie du
chimiste s'est complu à tout falsifier. La sophistica-
tion se loge à cette heure dans *cinq cents* spécialités
pour le moins, ainsi que l'a démontré M. Payen,
savant chimiste vérificateur. Cinq cents spécialités,
entendez le bien. Grâce à lui, on fait du café avec
de la terre glaise, de la confiture d'abricots avec des
courges, du thon mariné avec du veau, des truffes
avec des patates moisies, du Léoville avec du Su-
resnes. Tu penses bien que je ne vais pas m'a-
muser à passer en revue les divers articles de cette
interminable nomenclature. En ce qui concerne la
parfumerie, surtout celle qui rajeunit, le chimiste
a le diable au corps. Notre gaillard sait que, sur ce

chapitre-là, on fait tout accroire aux femmes, quand
on sait parler avec aplomb. C'est lui qui, depuis cinquante ans, fait faire des fortunes de nabab aux honnêtes négociants de Paris se flattant de faire re-
pousser les cheveux, disparaître les taches de la
peau et exhausser les fronts trop étroits. — « En
» bonne justice, disait Gay-Lussac, on devrait, cha-
» que année, rouer vifs trois chimistes en place de
» Grève. »

LAMBERT. — Ce Gay-Lussac, c'était peut-être à
cause d'une jalousie de métier qu'il parlait comme
ça ?

LE RASLE. — Non, car, à la longue, ceux qui n'ont
point patente de chimie tiennent le même langage.
Tu as entendu parler du maréchal Bugeaud, celui
qui a gagné la bataille de l'Isly? Écoute un de ses
propos sur les chimistes. — « Ces brigands-là ! s'é-
» criait-il. Dans mon enfance, on faisait de la salade
» avec du vinaigre venant de vin aigre, suivant l'éty-
» mologie. A présent, ils me forcent à me servir de
» vinaigre de bois, ce qui me tuera quinze ans plus
» tôt qu'il ne faudrait. — Naïf maréchal! ripostait
» Z..., chimiste patenté, j'ai gagné trois millions en
» faisant des drogues — pour les autres... Jamais il
» n'entre de vinaigre de bois dans ma maison. »

LAMBERT. — Eh bien, concluons.

LE RASLE. — Pardieu, c'est tout conclu. — Le bien

et le mal étant jetés sur les deux plateaux de la balance, c'est le bien qui l'emporte, et de beaucoup. Tout chimiste est bien venu dans les âges nouveaux. Résultat final : fais de ton garçon un chimiste.

LAMBERT. — Tu me le conseilles ?

LE RASLE. — Très fortement. J'ajoute que, le jour où il commencera à exercer, je lui donnerai ma fille en mariage.

LAMBERT. — Bon ! je n'hésite plus.

XXXIX

L'INCENDIE DU BOIS DE MEUDON

A LA MANIÈRE ROMANTIQUE

PULCHÉRIE. — Ah ! mon Dieu, Sténio, quelle figure vous avez !

STÉNIO. — On aurait mauvais visage à moins.

PULCHÉRIE. — Qu'y a-t-il donc ? Est-ce que, pendant la nuit dernière, on aurait emporté la tour Saint-Jacques ?

STÉNIO. — Si ce n'était que ça !

PULCHÉRIE. — Encore une fois, qu'y a-t-il donc ? Parlez, Sténio ; vous me faites bouillir d'impatience, cher ami.

STÉNIO, *en se promenant de long en large, avec de grands gestes.* — Voilà bien le cas de dire avec le doux poète qui a chanté la mort du moineau de Lesbie : *Lugete, ô Veneres Cupidinesque !* Pleurez, Grâces ! Pleurez, Amours ! Si demain, à votre réveil, au moment où vous vous attendriez à toute autre chose, on venait vous dire : — « Vous ne savez pas ? il vient d'arriver un malheur ! — Lequel donc ? — Un

malotru, un fou, un Tartare, en traversant les gale-
ries du Louvre, a détruit les *Noces de Cana!* » Si
l'on venait vous apprendre une telle nouvelle votre
esprit s'enroulerait tout de suite dans deux mouvements : le premier consisterait à être stupéfait de
tristesse au moins pendant cinq minutes ; le second
vous pousserait à réfléchir pour vous consoler. —
« Eh ! sans doute la perte de ce chef-d'œuvre est un
grand malheur. Néanmoins, le mal n'est pas irrépa-
rable. Il y a eu jadis un Paul Véronèse ; il peut s'en
présenter un second. » Pourquoi non ?

PULCHÉRIE. — Je ne comprends toujours pas. Où
voulez-vous en venir ?

STÉNIO. — Attendez donc, tête de liège. On est venu,
ce matin, annoncer à Paris quelque chose de non
moins sinistre. — « Vous ne savez pas ? — Non. — Un
sot et une drôlesse, finissant de manger un pâté au
pied d'un arbre, ont mis, sans le vouloir, le feu au
bois de Meudon. Hélas ! huit cents mètres carrés ont
été brûlés. Sans le sang-froid de bûcherons qui tra-
vaillaient par là, Meudon ne serait plus qu'une char-
bonnière. » Mais il n'y aurait plus d'artiste en état
de replanter Meudon incendié. N'est-ce pas à donner
la chair de poule ?

PULCHÉRIE. — Il nous restera Vincennes.

STÉNIO. — Une haute futaie dont les merles sont
des artilleurs.

PULCHÉRIE.—Il nous restera aussi le bois de Boulogne.

STÉNIO. — Un nid de grues, suivies de princes russes imbéciles ou de Brésiliens plus bêtes encore. Non, je vous le dis, moi, de tous les bois qui forment la ceinture de Paris, Meudon est le plus charmant. C'est par là qu'on va s'aimer sérieusement pour la première fois de la vie. Boufflers a fait sous ces arbres ses jolis bouts-rimés ; Greuze y a dessiné son tableau de *la Cruche cassée;* le grand Vestris y a dansé un pas, un jour que l'opéra d'alors mangeait sur l'herbe. Dans ce temps-là, on n'avait pas de boîtes d'allumettes dans sa poche. On joue encore de temps en temps, au théâtre des Variétés, un joli vaudeville de Dumanoir qui a pour titre : *la Semaine des amours.* Il y a là dedans tout un acte qui se passe dans le bois de Meudon, ce boudoir des forêts. Henry Mürger nous l'a conté, il y a quinze ans, à l'époque où il était si amoureux et si pauvre : il a fait sous ces ombrages ses deux meilleures pièces de vers : *la Chanson de Musette* et *le Requiem d'amour,* à la fin duquel il montre des réfugiés allemands buvant et chantant, libres, sous la feuillée.

PULCHÉRIE. — Bon! Voilà sa fièvre lyrique qui le reprend tout à fait!

STÉNIO, *à la foule.* — Vous qui passez, vous avez vingt ans. Si vous ne les avez pas, vous les avez eus, ou bien, ce qui vaut mieux, vous les aurez un jour;

mais, dans tous les cas, le bois de Meudon est une
des choses du Paris moderne que vous aimez le plus
et que vous n'oublierez jamais, après que vous vous
y serez promené à deux, sous les chênes verts et sur
la mousse. Je ne sais pas si vous êtes comme moi,
mais très volontiers je demanderais de refaire le tribunal de l'inquisition pour juger le butor qui a eu
l'imprudence de mettre l'adorable bois en péril. Très
certainement je ne suis pas féroce, mais ce bélître,
le plus grand des sacrilèges, je serais assez disposé
à le faire cuire dans l'huile bouillante, à l'étouffer
entre deux matelas, à le scier entre deux planches,
à le faire embrocher au bout d'un pal, — ou bien à
le priver, jusqu'à la fin de ses jours, de se promener
sous les arbres.

PULCHÉRIE. — Sténio, je vous en prie, calmez-vous.
On vous a mal renseigné, Dieu merci !

STÉNIO. — Que voulez-vous dire ?

PULCHÉRIE. — Tenez, lisez *la Patrie*, lanterne mo-
dérée des soirs.

STÉNIO, *après avoir lu un entrefilet de cinq lignes, en
cicéro*. — Ah ! la blonde Cypris soit louée ! nous en
sommes quittes pour la peur ! Grâce à dix ou douze
bûcherons, — qui ont su faire la part du feu, — le
bois de Meudon est sauvé. Si vous pleurez, Grâces et
Amours de Catulle, ne pleurez plus que de joie !

PULCHÉRIE. — Allons dîner au *Petit Moulin Rouge*.

XL

HISTOIRE DE QUINZE FRANCS

SCÈNES DE LA VIE D'ARTISTE

Comme Vico a eu raison de dire que l'histoire est
un serpent qui se mord la queue! Tous les jours
nous apportent la démonstration de ce fait qu'il n'y a
absolument rien de neuf dans notre monde sublunaire. Ce qui s'est passé il y a vingt mille ans (vingt
mille ans, suivant la chronologie chinoise) se passe
encore aujourd'hui sous nos yeux. Ainsi *le Siècle*
d'hier annonçait la mort d'Orélie Iᵉʳ, roi de Patagonie
et empereur d'Araucanie. Il y a vingt-cinq ans, peut-
être vingt-six, j'ai eu occasion de coudoyer au théâtre des Variétés un homme qui était aussi fort que le
rédacteur en chef de la *Couronne d'acier*, si ce n'est
plus.

Et pourquoi ne vous raconterais-je pas cette inté-
ressante histoire?

Il y a vingt-cinq ans, mettons-en vingt-six si vous

voulez, j'avais, hélas! le diable au corps. Après avoir
noirci avec une plume une demi-rame de papier dans
ma matinée et dans ma journée, la séance de la
chambre d'alors finie, je dînais et, après dîner, je
faisais le tour d'une demi-douzaine de théâtres. A
l'époque dont je vous parle, un soir, aux Variétés, on
donnait une fort jolie bluette à deux personnages,
intitulée : *Nysus et Euryale*. — Nysus et Euryale,
ne vous y trompez pas, ce n'étaient point les deux
personnages si poétiques que le Mantouan nous fait
voir dans l'*Enéide*, mais leurs pendants, deux dragons, peut-être bien deux cuirassiers.

La pièce était d'un excellent garçon, homme d'esprit, qui est mort depuis à la suite d'une affection de
poitrine. On lui fit un succès qu'elle méritait à
tous égards. — Il est juste d'ajouter que les deux
acteurs, encore bien connus, y avaient sérieusement
contribué.

Un soir, la pièce étant affichée comme de coutume
et le public l'attendant avec une vive et fébrile impatience, le régisseur apprit que nos deux artistes
étaient absents. — Qne faire? — Faire attendre encore? Impossible. Changer le spectacle? C'était plus
difficile encore... Il n'y avait qu'à se brûler la cervelle
à l'aide d'un bec de gaz. Par bonheur, un heureux
hasard dénoua la situation à la satisfaction de tout le
monde.

Deux inconnus, deux comédiens de province se présentèrent de front.

— Nous savons les deux rôles, dirent-ils. Faites un signe de la main, nous nous costumons et nous les jouons.

— Eh bien, soit; allez vous maquiller et jouez-les.

A dix minutes de là, le rideau se levait et la bluette était représentée aux applaudissements de la salle entière.

Si je dois m'en rapporter à ce qu'on m'a raconté, l'administration du théâtre donna cinquante francs à chacun des deux artistes et ils se retirèrent, mais Dieu sait avec quelle joie!

Cinquante francs pour chacun, cent francs pour les deux!

Jusqu'à ce jour, nos deux cabotins n'avaient été riches que d'espérances, c'est dire qu'ils logeaient le diable au fond de leur bourse.

Allons à une quinzaine de là.

L'un, qui s'appelait Renaud (de Montauban), prêta à l'autre, qui se nommait Bayard (de Grenoble), la somme énorme de quinze francs.

Enfants des générations nouvelles, vous ne pouvez pas vous faire une idée de ce que c'était que quinze francs il y a un quart de siècle.

Quinze francs!

17.

Lisez *la Vie de Bohême* d'Henry Mürger, et peut-être comprendrez-vous quelque peu.

— Sois tranquille, disait Bayard (de Grenoble) à son ami, ces quinze francs, c'est chenu, mais je te rendrai ça dans un an.

En ce temps-là, pour un cabotin, douze mois passaient vite sans qu'il eût jamais quinze francs à la fois ; Bayard était un homme de cœur, Bayard fit tout ce qu'il put, mais il ne sut point parvenir à rassembler la somme.

Tous les huit jours, sous le maigre tilleul du jardin du Palais-Royal où se réunissent les comédiens de province, Renaud (de Montauban), inexorable, disait à son ami :

— Ah ! ça, dis donc, toi, et mes quinze francs ?

Bayard avait esquivé la question à peu près trente-cinq fois et demie.

A la longue, impatienté, découragé, emporté par un accès de démence bien concevable, il avait signé un engagement pour l'Amérique du Nord.

— Écoute, dit-il à Renaud (de Montauban) un soir, au petit café de la Pissotte, je m'en vais à Québec exprès pour y gagner tes quinze francs. As-tu de la veine, hein ?

— Eh bien, c'est beau de ta part ce que tu fais là. Bon voyage !

Voilà donc Bayard (de Grenoble) parti ; Renaud (de

Montauban) n'y pense pas trop pendant un an, un an et demi.

Au dix-neuvième mois, l'impatience le gagne ; la puce lui monte à l'oreille, comme on dit. Il quitte une partie de billard au *Café des Mousquetaires*, pour se livrer à un monologue.

— Voilà, dit-il, un gaillard qui ne m'a pas l'air de penser beaucoup à mes quinze francs. Est-ce que mes quinze francs seraient fichus ?

Cependant, au vingtième mois, il n'y tient plus.

— Ça ne peut pas se passer comme ça ; — j'ai besoin de mes quinze francs ; — il est temps de voir un peu à ça.

La semaine suivante, on aurait pu le rencontrer sur la jetée du Havre.

— Eh bien, Renaud (de Montauban), où donc allez-vous comme ça ?

— Ah ! ne m'en parlez pas, je pars pour le Canada, où se trouve ce diable de Bayard (de Grenoble), qui me doit quinze francs, oui, quinze francs dont je n'entends pas plus parler que du Grand Turc.

Pendant ce temps-là le pauvre Bayard (de Grenoble), toujours ensorcelé, ne réussissait pas.

Au théâtre de Québec le public l'avait outrageusement *chuté*.

Il était allé dans d'autres villes de la même contrée.

Même résultat.

Ainsi cet acteur héroïque en était encore réduit à manger de la vache enragée dans le nouveau monde comme il en avait mangé dans l'ancien.

— Ma foi, se disait-il de temps en temps, pour courir à de si déplorables destinées, ce n'était pas la peine de quitter le boulevard Montmartre et le *Café des Mousquetaires.*

Et, dans la posture de Marius à Minturnes, il rêvait sur la ruine de ses espérances.

— Et les quinze francs de Renaud (de Montauban), ajouta-t-il, comment serai-je jamais en état de les rendre ?

Il ne savait plus que faire.

Un matin qu'il pleuvait, comme il n'avait pas déjeuné et qu'il était sans bottes, il se dit, de guerre lasse :

— Ma foi, la civilisation est une marâtre, elle m'ennuie et m'exaspère. Tant pis pour Paris. Tant pis pour l'Europe. A dater d'aujourd'hui je change décidément de mœurs et de costume. Je me fais Peau-Rouge.

Et, en effet, il s'en alla de ce pas chez les sauvages des montagnes Rocheuses.

— Messieurs, voulez-vous me recevoir sauvage ?

On le trouva un peu pâle ; néanmoins on lui fit bon accueil.

On l'engagea.

Une espèce de prêtre, qui était aussi le chirurgien
de la tribu, lui coupa, à l'aide d'un couteau de pierre,
le bout des oreilles.

C'était la première initiation.

Bayard (de Grenoble) se fit ensuite tatouer; il
quitta ses habits pour mettre une couronne de plumes et un caleçon de feuillage; il prit une massue,
des flèches, un filet.

C'était la seconde initiation.

On le nomma alors *Oreille de Renard*, à cause de
la finesse de son ouïe.

Il mangeait des coquillages, il tuait des buffles, il
dormait dans les grandes herbes.

Il s'était marié à une petite femme jaune comme
du safran qui avait le nez peint en vert.

Bref c'était une existence enchantée

— Ah! par exemple, disait-il, si tous nos beaux
blagueurs du jardin du Palais-Royal savaient comme
on est à son aise par ici !

Mais il n'y a sur terre qu'heur et malheur.

Un jour qu'*Oreille de Renard* était couché sur le
sable du rivage, en train de faire cuire des moules,
un bruit soudain lui fait tourner la tête. Il se retourne et aperçoit un vapeur qui descendait de
l'Ohio.

Mais bast ! un vapeur ! Qu'est-ce que c'est que
ça ? Les sauvages en voient maintenant tous les

jours. Aussi il ne s'en inquiétait pas plus que du début de M. Victorien Sardou, quand il s'entendit appeler par son nom de civilisé, par son nom d'Européen, par son nom de Bayard (de Grenoble).

L'ancien comédien se dressa sur sa massue.

— Que vit-il ?... Eh ! mon Dieu, son ami Renaud (de Montauban) sur le vapeur, armé d'une longue-vue à l'aide de laquelle il venait de le reconnaître et qui lui criait :

— Eh ! Bayard ! et mes *quinze balles* ?

Oreille de Renard s'approcha à portée de voix :

— Écoute, dit-il, ne mets pas de mouches dans le lait que je bois... La tribu a perdu son chef; repasse dans quinze jours; on parle de me nommer roi.

— On veut te nommer roi ! repartit Renaud avec mélancolie, mes quinze francs sont tout à fait *fumés !*

Et, en effet, il ne les a jamais revus.

XLI

LA CENTAURESSE

ÉPISODE DE LA VIE D'UN POÈTE

Hoffmann a fondé une école qui a été très florissante chez nous de 1829 à 1833, mais qu'on croyait passée de mode. A dater des romans réalistes d'Honoré de Balzac, le Fantastique n'avait plus de racine nulle part. Gustave Planche et Sainte-Beuve constataient ce fait.

« Le Fantastique est mort en France, disaient-ils. Comment aurait-il pu s'y acclimater? Pour croire aux rêveries d'Hoffmann, il faudrait supposer qu'il existât parmi nous des dormeurs tout éveillés et des poètes. Cet essaim d'esprits malades s'est envolé, Dieu merci ! et pour toujours. »

Eh bien ! ces beaux esprits se trompaient. Le Fantastique n'est pas aussi mort qu'ils ont cherché à le faire croire. On a abusé, j'en conviens, des formes imaginées par le maître du chat Murr. La diablerie

en prose ou en vers est devenue un excès qui a
obligé l'homme de bon sens à chercher un refuge
chez les positivistes ; cependant l'amour du merveilleux en littérature n'a pas disparu pour cela, que je
sache. Il y a eu réaction. En ce moment même, en
haine des romans de cour d'assises, de bagne, d'assassinat et de mauvais lieux, le Fantastique rentre
tout à coup en scène. Tourgueneff, un conteur russe
plein de charme, nous le ramène à grands pas dans
ses récits.

Tourgueneff a eu un devancier sous ce rapport-là.
Je veux parler de Gérard de Nerval.

Au commencement de son dernier hiver, très peu
de jours avant qu'il ne songeât au triste drame de la
rue de la Vieille-Lanterne, Gérard causait de ces choses avec nous, sur les boulevards, par une soirée
nébuleuse, à travers la neige fondue et le vent. Il fallait voir, ou plutôt il fallait entendre comme il sou-
tenait que l'école d'Hoffmann comptait encore de
nombreux disciples parmi les poètes et les artistes
de notre temps ! On le croira sans peine, les critiques,
ennemis de l'idéal, étaient l'objet de ses sarcasmes
les plus aigus.

Gérard de Nerval ne pouvait se résoudre à supposer qu'il n'y eût plus de rêverie chez nous. La vie
sèche, les mœurs prosaïques, la réalité nue, lui étaient
si antipathiques ! Il nous faisait remarquer que

Paris, où il se fait pourtant chaque jour des montagnes de chiffres, était la ville du monde où il se fait
aussi le plus de musique et où l'on joue le plus de
féeries. Il ajoutait que c'était le seul fragment de la
planète où l'on s'occupât sans cesse de Satan. On y a
fait *le Diable à Paris*, illustré par Gavarni, *les Mémoires du Diable*, par Frédéric Soulié, *la Mare au Diable*,
par George Sand, *la Part du Diable*, un charmant
opéra-comique, *les Sept châteaux du Diable*, une fantaisie d'une éternelle jeunesse. Toujours le diable !

— Pour moi, reprenait le malheureux songeur, je
passe ma vie dans les nuages ; Georges Bell sait, d'ailleurs, que je continue scène par scène un grand
drame fantastique dont Nicolas Flamel est le héros.

Ce drame, par malheur, est demeuré inachevé
comme beaucoup d'autres de ses œuvres. Le peu
qu'il y en a en fait concevoir une très haute idée.
Mais ce n'était pas la seule bizarrerie de ce genre que
l'auteur de *la Reine de Saba* imaginât.

Un autre soir que nous étions au coin d'un feu
hospitalier, lui, moi et quelques autres, l'auteur de
Loreley mit une trêve à sa réserve habituelle. Sur une
prière que lui fit un des assistants, il se prit à nous
parler de l'Orient, la région de ses rêves, des almées
qu'il avait vues danser au Caire, de la pyramide de
Chéops, dans l'intérieur de laquelle il affirmait avoir
été initié à je ne sais plus quel culte mystérieux et

innommé, dont il vantait sans cesse la mythologie. Je vous laisse à penser si nous faisions silence pour ne rien perdre de ces merveilleux récits. Il est vrai de dire qu'il ne se trouvait pas de réalistes parmi nous.

A un certain moment, le conteur opéra un retour du côté de l'Europe; c'est alors qu'il laissa tomber de ses lèvres un épisode que j'ai conservé tant bien que mal dans les replis de ma mémoire et que je vous transmets ici.

Vingt-cinq ans ont passé sur le monde depuis que ce récit a été fait, et, en vingt-cinq ans, les forces du souvenir s'énervent toujours un peu. Aussi, lecteur, si la légende vous paraît défectueuse, ne vous en prenez pas à Gérard, mais à celui qui, après tant de jours écoulés, remplit pour cette œuvre l'office de sténographe.

PHILIBERT AUDEBRAND. — Messieurs, un peu de silence, s'il vous plaît. Gérard nous a promis un conte.

GÉRARD DE NERVAL. — Un conte, non; une histoire vraie.

GEORGES BELL. — Histoire ou conte, parlez, cher ami.

GÉRARD DE NERVAL. — M'y voici.

Silence religieux. -- Tout le monde écoute

« Un jour, dans une de mes courses vagabondes à

travers l'Allemagne, j'ai acheté à Nüremberg un vase antique, que l'écriteau du marchand disait provenir des fouilles d'Herculanum.

» Sur l'anse de ce vase, une jeune Centauresse, fille du ciseau grec, étend sa croupe arrondie ; ses deux yeux verts s'ouvrent avec hardiesse ; on dirait qu'elle va s'élancer dans l'espace.

» Bien souvent, à la chute du jour, au moment où la nuit commence à étendre sur le monde les dentelles de sa mantille noire, je me suis agenouillé près du vase ; j'ai fixé du regard la forme capricieuse, et je me suis dit :

» — Voyons si la Centauresse prendra enfin son vol dans les champs de l'éther.

» Ah ! vous ne me croirez pas quand je vous dirai que je l'ai vue ouvrir brusquement ses ailes et partir deux ou trois fois. Pourquoi me croiriez-vous, puisque je vous dis la vérité ?

» Elle partait donc, la Centauresse ; ses pieds ailés se détachaient de l'anse du vase, sans bruit et sans fêlure. Un petit craquement, à peine perceptible à l'ouïe, était la seule conséquence de ce mouvement.

» Comme l'ombre s'épaississait de plus en plus, j'avais beau regarder de tous côtés et redoubler de vigilance, je n'apercevais plus rien que le vase délaissé.

» Dans ma douleur, j'ouvrais précipitamment ma fenêtre.

» — Ma jolie Centauresse, où vas-tu? Dans quel monde, habité de douces chimères, feras-tu ton tour capricieux ?

» Rien ne me répondait, mais le lendemain, au moment où le soleil posait son pied d'or sur mes rideaux bleus, je regardais de nouveau le vase d'Herculanum. La Centauresse était revenue à sa place; elle me souriait ironiquement, comme pour me dire :

» — Tu vois, me voilà de retour.

» Mais, en même temps, sa bouche si fine prenait une expression de malice. En traduisant le langage illettré ou aphone qu'elle apportait, je devinais ces mots magiques :

» — Ecoute, j'arrive du pays de l'Amour; j'ai causé longtemps avec celle que tu aimes, — tu sais bien, celle dont les hommes disent : « Elle est morte! » Cent fois plus belle qu'au temps où elle vivait sur la terre, elle m'avait chargée d'un message pour toi, mais ne t'ayant pas trouvé éveillé, au moment de mon retour, j'ai laissé ses paroles reprendre leur essor vers elle, comme une troupe de blanches colombes qui retournent au colombier. Ces paroles ne reviendront plus. .

» Une autre fois, après une courte absence, à peine

remarquée, la Centauresse se montra plus cruelle encore.

» — Au moment où je suis revenue de mon second voyage, disait-elle, je t'ai vu, pauvre insensé, étendu de tout ton long sur la poussière des livres. Si tu m'eusses guettée, j'aurais laissé tomber à tes pieds le rameau mystérieux qui rend riche ; c'est le frère de ce rameau d'or qui ouvrait à Anchise les portes des enfers. Je l'avais cueilli pour toi dans le pays de la Fortune, où je suis allée passer deux heures. Mais te voyant, à mon retour, aux prises avec l'histoire des peuples éteints et plongé dans la monotone chronique des civilisations évanouies, labeur bien utile, en vérité ! j'ai jeté mon rameau dans la rue. C'est un millionnaire qui l'a ramassé.

» A la fin d'une troisième échappée :

» — J'arrive du pays où l'on ramasse la gloire à pleines mains, comme les enfants font pour le sable au bord de la mer. J'en avais pris au hasard trois pincées pour toi. Dans ces trois pincées, se trouvait un grain qui donnait la faculté de diriger enfin les navires dans l'air, et conséquemment de devenir fameux. Un second donnait le moyen de recommencer Attila, le même qui faisait traîner son char par quatre rois, attelés comme des chevaux. Un troisième eût donné assez de génie pour jeter un pont du Havre à New-York. Mais je t'ai trouvé trop béant d'extase à la vue d'un bâtard qui sortait du palais des Tuileries, entouré de tambours, de courtisans, de trompettes et d'un peuple hébété. Et j'ai laissé tomber mes trois grains dans la sébile d'un aveugle qui passait par là.

» Or, ajoutait Gérard de Nerval, le lendemain, ma femme de ménage, en époussetant. cassait ma Centauresse. »

Ce récit s'arrêta-là. — J'ai cru que ce qu'il y avait de mieux à faire, c'était de le reproduire mot pour mot.

XLII

UN POULET ET UN ÉLÉPHANT

DEUX PAGES DE LA VIE DE ROGER DE BEAUVOIR

Voilà trente ans, peut-être un peu plus, peut-être un peu moins, une très jolie actrice du Vaudeville était tombée tout à coup dans la dèche. Sur le conseil de Roger de Beauvoir, elle avait quitté son appartement et, comme un oiseau poursuivi par l'orage, elle s'était réfugiée à l'hôtel des Princes, n'emportant avec elle que sa garde-robe, à la vérité fort considérable.

L'hôtel des Princes, ce brillant rendez-vous de l'aristocratie cosmopolite, avait alors ses règles comme tous les grands établissements de ce genre. Elles étaient affichées sur un tableau et on y lisait, entre autres, cet article que « rien ne devait venir du dehors en fait de consommation ».

— Eh bien, je prendrai mes repas ici même, disait mademoiselle Liévenne.

Pour arriver jusqu'à la belle comédienne, il fallait traverser une pièce ornée de quarante-trois robes qui se balançaient majestueusement au plafond. Ces étoffes avaient paru de bon augure au maître de l'endroit qui supposait dès lors l'actrice très riche. — Riche de beauté, cela était incontestable. — Clairville ne lui avait-il pas donné le rôle de Vénus dans un de ses succès d'alors, les *Dieux de l'Olympe* ? (1846.)

— Qu'on ait bien soin de cette dame, disait M. Privat, le directeur de l'hôtel.

Tout à coup la scène change ; — on avait jasé ; — une lettre égarée, lue, peut-être mal comprise, représentait l'actrice comme étant un joli bourreau d'argent et, par suite, comme un panier percé.

Dès lors, on lui présenta une note — un peu salée, — la note de l'hôtel.

Mademoiselle Liévenne n'y prit pas garde d'abord ; elle l'avait chiffonnée, jetée au rebut ! puis elle avait cherché à la retrouver. Impossible, puisqu'elle en avait allumé sa cigarette.

Nouvelle note, plus menaçante que la première. — Ce second bill demeura impayé. Songez donc : quinze cents francs en bloc !

Aussitôt les hostilités commencèrent.

— Ne payant point, elle ne sortira pas, ni elle ni une seule de ses robes.

Tel était l'ukase du maître d'hôtel.

Une surveillance de fer fut créée, un blocus. On parlait de refuser des vivres à la prisonnière. L'idée vint alors à l'actrice de se laisser mourir de faim comme Gaston de Foix. — Se laisser mourir de faim, pour une jolie femme, cela se dit, mais cela ne se fait pas.

Sur ces entrefaites, un après-midi, Roger de Beauvoir se présente. Il trouve l'actrice comme changée en statue de sel

Il lui parle, elle ne lui répond pas.

Il la décide enfin à lui confier ses chagrins.

— Ils veulent me prendre par la famine, dit-elle.

L'auteur de la *Cape et l'Épée* n'en demande pas davantage. Il descend l'escalier quatre à quatre et s'en va chez le premier rôtisseur venu commander un magnifique poulet.

Dix minutes plus tard, entrée du poulet. Un jeune Vatel l'apporte sur un plat de porcelaine.

Un plat de porcelaine à l'hôtel des Princes, où il n'y a que des plats d'argent, quel scandale !

LE PORTIER. — On ne passe pas !

LE MAJORDOME. — Haro sur le poulet !

M. PRIVAT. — Si ce plat fait un pas de plus dans la maison, nous l'étendons à nos pieds d'un coup de pistolet.

Par bonheur Roger de Beauvoir était là, debout, plein de sang-froid.

— Ce rôti, dit-il, est pour le n° 13. Une jeune et belle femme s'y meurt de faim.

M. PRIVAT. — Rien du dehors, c'est la règle.

ROGER DE BEAUVOIR. — La règle, c'est qu'on empêche l'assassinat sous quelque forme qu'il se produise. — Jeune rôtisseur, attendez. Je vais revenir, escorté d'un homme de loi.

Roger de Beauvoir, en effet, était allé chercher Joanne, l'huissier; ce dernier fit une sommation, ornée de menaces et de demandes de dommages-intérêts, de manière à effrayer l'hôtel.

Moyennant cet acte, le poulet passa.

Un instant après, le romancier, l'actrice et le susdit huissier, tous les trois attablés au n° 13, mangeaient le poulet rôti avec accompagnement de champagne.

Une autre bonne histoire est celle de la *pantomime sénégalaise.*

Celle-là se passait en 1858.

A cette époque-là, le romancier s'était lié intimement avec Bache et Deburau fils.

Bache, vous vous le rappelez encore, était cet acteur si étrange des Bouffes, le premier John Styck. le premier roi de Béotie qui a tant contribué au succès du premier *Orphée aux Enfers.* — On a beaucoup jasé sur le compte de l'homme. — Il était presque aussi raide dans ses propos du monde et du théâtre que le neveu de Rameau. — Mais qu'importait à Roger de Beauvoir? — Il était de bonne famille, ce Bache, un peu parent, disait-on, de feu M. Martin (du Nord), ancien ministre de la justice. Et il ne passait pas cinq minutes sans faire rire son auditeur aux éclats.

Quant à Deburau fils, le même qui est mort en 1874 à Bordeaux, il touchait à la célébrité par plus d'un point. Pour le moment, le caprice d'une prima donna fameuse venait de faire de lui un personnage. — Deburau devenait le directeur du petit théâtre Marigny, dans les Champs-Elysées.

Accompagné de Bache, il se présenta chez Roger de Beauvoir en lui demandant de travailler pour son théâtre.

— Impossible, dit l'auteur de *Duels et Duellistes*, tout mon temps est pris. Mais attendez! je vais vous adresser à Méry.

DEBURAU. — A Méry!

ROGER DE BEAUVOIR. — Sans doute.

DEBURAU. — Méry consentira-t-il à nous faire une pantomime?

ROGER DE BEAUVOIR. — Il est la complaisance même: il fera tout ce que vous lui demanderez.

Le lendemain, visite chez le poète.

Chose rare pour un Parisien, Méry ne craignait pas les visiteurs, il ne craignait que l'hiver.

— Mon cher Méry, dit Roger, je vous amène les deux plus grands pierrots de l'époque. Tous deux espèrent que vous voudrez bien travailler pour eux. .

— Oui, répondit l'auteur d'*Eva*, je travaillerai volontiers, si l'été dure douze mois.

— L'été ? fit Bache. Ah ! soyez tranquille : j'obtiendrai sa prolongation.

— Eh bien, soit, je vous ferai quelque chose de bizarre.

— Une pantomime sénégalaise, repartit Roger de Beauvoir.

Deburau fils était enchanté.

Méry ajouta :

— Oui, ce que je vous ferai ne se sera jamais vu ; il y aura un Pierrot noir et un Pierrot blanc.

— C'est moi qui serai le Pierrot du Sénégal ! reprit Bache.

Un pierrot nègre ! quelle chance ! quel étonnement dans Paris !

On se retira.

Pour enchaîner Méry, on imaginait de lui décerner un cadeau. — Quel cadeau ? — On parlait de lui envoyer : 1° une chancelière en cuir de Russie ; 2° une peau de renne ; 3° un onyx représentant l'éruption de l'Etna.

— Eh bien, non, dit Roger, contentez-vous de lui donner pour la mise en scène tout ce qu'il vous demandera.

— Convenu, répondit Deburau.

Oui, mais la mise en scène était une bien grosse affaire.

En vrai poète, toujours amoureux de l'Orient, Méry n'entendait pas qu'on trichât sur la nature des accessoires.

Il commença par dire :

— Il me faut un tigre, mais un vrai tigre.

— Un tigre, repartit Roger qui plaidait les circonstances atténuantes ; allons, Deburau a un magnifique Terre-Neuve ; un pelletier-fourreur lui ajustera une peau mouchetée de première qualité. Vous verrez que ça fera l'affaire.

A une autre entrevue :

— Il me faut un serpent-constrictor de Ceylan, dit Méry ; vingt-cinq pieds de long.

— Ce serpent, on l'obtiendra avec de la baudruche ou bien du caoutchouc.

Cependant Méry s'était peu à peu dégoûté de l'affaire. Ce manque de sincérité dans la mise en scène le poussa à ne vouloir pas continuer.

— Cher ami, dit-il à Roger, c'est vous qui m'avez fourré là dedans ; rendez-moi le service de m'en tirer.

Roger fit aussitôt volte-face.

— Vous en tirer! Rien de plus facile. Imaginez un accessoire encore plus impossible qu'un tigre et un boa.

— Tiens, c'est juste!

Et Méry écrivit sur son libretto : *Ici la courtisane Vivas-Vera paraît en palanquin sur un éléphant.*

— Un éléphant! Où diable veut-il que nous nous en procurions un? s'écriait Deburau désespéré. Quand même le Jardin des Plantes consentirait à nous en prêter un, la bête, entrant chez nous, défoncerait le petit théâtre.

— Tant pis pour vous, riposta de Beauvoir avec un soupir étudié.

Et il écrivit au crayon sur l'ardoise du régisseur : *La pantomime sénégalaise de M. Méry ne peut être jouée, faute d'éléphant.*

MOI. — Hélas! quand on y pense, ça été un grand malheur que Méry n'ait pas fait cette pantomime qui roulait sur l'extrême Orient! Pour représenter la courtisane Vivas-Vera, on avait trouvé une merveille, une perle de l'Inde. C'était uue jeune Anglaise de Chandernagor à la peau dorée, aux cheveux bleus, avec des yeux plus grands que la bouche. Elle dansait, elle chantait, elle fumait, elle buvait, elle se battait à l'épée avec les Sicks ; elle eût soulevé tout le monde de la Gomme, en ce temps-là si vivant. — Cette belle s'est empoisonnée, une nuit, dans un souper de la Maison d'Or, parce qu'un jeune drôle armorié, qui était assis à sa droite, avait un peu trop souri à une ancienne gardeuse de dindons décrassée, qui lui faisait vis-à-vis. Ainsi la jalousie l'ayant mordue au cœur, l'Anglaise avait jeté un peu d'acétate de morphine au fond de la coupe de cristal où l'on buvait le moët frappé. Mort digne des Zénobie et des Cléopâtre. On l'emporta dans une civière, après les constatations d'usage. Et si Méry avait fait sa pantomime, elle eût été ce qu'on appelle une étoile. Fort jeune, d'une incomparable beauté, elle illuminerait encore le firmament parisien. Le Destin ne l'a pas voulu. Inclinons-nous devant la volonté d'en haut !

EN GUISE DE PROLOGUE

LE RÉGISSEUR. — Ce qui précède a donné un avant-goût de ce que pouvait être Méry comme ouvrier de la fantaisie. Si l'on voulait avoir une idée exacte et complète de ce qu'était cet esprit si étrange et si peu vulgaire, il ne faudrait pas moins que les 500 pages à deux colonnes d'un in-folio du genre de ceux des anciens bénédictins. Métromane sans pareil, romancier de premier ordre, causeur éblouissant, dramaturge applaudi, improvisateur, voyageur, mystificateur, le Phocéen avait quelque chose comme dix têtes sur les épaules. Le moyen d'analyser un tel homme! Nous n'avons eu ni ce désir ni cette prétention. Seulement on nous saura gré d'avoir mêlé à ces scènes légères quelques échappées sur cet être étrange, l'homme insoucieux par excellence. Ainsi ce qui suit n'est pas une étude sur le plus spirituel des poètes du dix-neuvième siècle, ce n'est qu'une mince échappée de lumière, mais cette faible lueur aidera à le faire comprendre. — A présent, considérez les trois coups comme frappés et levez le rideau.

XLIII

LA MALLE DE VOYAGE [1]

Mil huit cent quarante. — Une table du café de Paris.

LE DOCTEUR VÉRON. — Nestor, vous n'avez rien de nouveau à nous dire ?

NESTOR ROQUEPLAN. — Si fait, bien, docteur.

LE DOCTEUR VÉRON. — Quoi donc ?

NESTOR ROQUEPLAN. — C'est qu'ils n'entendent plus rien au grand art de faire rôtir les poulets. (*Se tournant vers une table voisine.*) J'en appelle au major. Il est là pour me rendre témoignage.

LE MAJOR FRAZER. — Rien de plus vrai. Ces volailles, qu'on sert maintenant dans les meilleurs cabarets,

1. Rien de plus réel que le fait dont il est question dans cette saynète ; Méry a confirmé devant nous ce récit en le répétant. On trouvera sans doute que cette aventure rappelle quelque peu un trait fameux de la vie de Rabelais, l'épisode des petits sachets de cendres à l'hôtellerie de Lyon. Cependant nous ne croyons pas que l'auteur d'*Éva* ait eu la pensée de copier l'auteur de *Pantagruel*.

ont l'air d'avoir été faites en carton peint comme des poulardes de théâtre.

LE DOCTEUR VÉRON. — Que le diable vous emporte, messieurs, avec toutes vos critiques! S'il fallait vous en croire, on ne trouverait plus rien de tolérable à Paris. Vous m'empêchez de manger.

NESTOR ROQUEPLAN. — Le major et moi, nous n'avons parlé que pour les délicats.

LE DOCTEUR VÉRON. — Merci du compliment. Au fait, vous ne savez pas d'autres chansons, Nestor. Vous rendriez des points à celui qui a inventé la méchanceté. Eh bien, laissons là les poulets du café de Paris, puisque vous ne pouvez pas les digérer. Qu'est-ce qu'on dit de nouveau?

NESTOR ROQUEPLAN. — Une seule chose et un seul mot, tout le programme du vieux roi : — « Rien. »

LE DOCTEUR VÉRON. — Rien, ce n'est pas si bête. Ça prouve que la situation est calme et que le baromètre de la politique est au beau fixe.

LE MAJOR FRAZER. — Ça prouve que la France s'ennuie.

NESTOR ROQUEPLAN. — Major, vous répétez un mot déjà râpé de M. de Lamartine, je vous en préviens.

LE MAJOR FRAZER. — Que voulez-vous que je répète? Les calembredaines des *Nouvelles à la main*? Ce serait rabâcher les mots de Chamfort, vous le savez bien.

NESTOR ROQUEPLAN. — Ce soir, major, vous avez de

l'esprit comme un Français. A propos, qu'êtes-vous
au juste? Anglais ou Allemand? Il y en a qui pré-
tendent que vous êtes Suédois.

LE MAJOR FRAZER. — Je passe pour être plus fort à
l'épée que du Hallay lui-même; voilà ce que je puis
vous apprendre, mon cher.

LE DOCTEUR VÉRON. — Doucement, messieurs, doucement! N'allez-vous pas vous piquer pour des vétilles?
Deux hommes d'esprit! les plus solides piliers de l'O-
péra!... (*En tournant sa salade.*) Voyons, parlons d'autre chose. Quand on le veut bien, il y a toujours
quelque chose à dire. Tenez, par exemple, la nouvelle *charge* de Méry.

NESTOR ROQUEPLAN ET LE MAJOR FRAZER. — Quelle
charge?

LE DOCTEUR VÉRON. — L'histoire de la malle. Vous
ne la connaissez pas?

EN CHŒUR. — Non.

LE DOCTEUR VÉRON. — Eh bien, je vais vous dire ça.
Premier point, sachez que je tiens l'affaire du poète
lui-même. Ainsi c'est donc puisé aux meilleures
sources.

NESTOR ROQUEPLAN. — Aux meilleures sources de la
blague. N'importe. Allez toujours. Dites.

LE MAJOR FRAZER. — Oui, voyons, puisque vous nous
avez annoncé cette histoire, contez-nous-la.

LE DOCTEUR VÉRON. — Eh bien, m'y voici. Seulement

laissez-moi finir ma salade. (*Au garçon.*) Ferdinand, pourquoi m'avoir mis du céleri là dedans ? Vous savez bien que je n'en veux pas. Le céleri, légume ligneux, lourd, indigeste. Je vous fais envoyer au Mont-Saint-Michel, si vous recommencez.

NESTOR ROQUEPLAN. — Voyons, l'histoire de la malle maintenant.

LE DOCTEUR VÉRON. — Messieurs, il y a trois semaines de ça, un mois au plus, Méry se leva, un matin, en découvrant qu'il n'avait plus le sou.

NESTOR ROQUEPLAN. — Inutile d'appuyer sur ce détail ; c'était deviné d'avance.

LE DOCTEUR VÉRON. — Pardon, mon cher ; c'était, au contraire, d'une importance réelle pour faire comprendre la suite du récit. La veille, au cercle de la rue de Choiseul, le poète avait joué et il avait été *rincé*.

LE MAJOR FRAZER. — Ah ! *rincé !*

LE DOCTEUR VÉRON. — Ah ! monsieur le major, vous savez bien que c'est un mot qui se dit maintenant dans les meilleurs endroits. — Plus un sou, et il voulait prendre sa revanche, cette sempiternelle revanche des joueurs qui recommence toute la vie. Cependant, en y réfléchissant, il vint à penser qu'il lui était dû mille écus à Marseille, où il est bibliothécaire honoraire.

LE MAJOR FRAZER. — Belle difficulté ! Il n'avait qu'à écrire ou bien à faire écrire par un banquier.

LE DOCTEUR VÉRON. — Monsieur le major, vous êtes cent fois excusable de ne pas connaître le mécanisme administratif des villes de province. Aux termes des règlements, pour toucher ses mille écus, il fallait qu'il allât émarger en personne. Mais comment faire le voyage de Paris à Marseille quand on loge le diable au fond de sa bourse? Méry se cogna le front, cherchant une idée. L'idée ne se fit pas attendre.

NESTOR ROQUEPLAN. — Dame, l'homme qui a fait tant de vers, tant de satires, tant de romans, tant de drames, tant de contes improbables, *Gaspard Hauser* et le *Brigand Schübry*, par exemple, celui-là ne peut être à court, quand il s'agit d'inventer.

LE DOCTEUR VÉRON. — Méry se dit donc : « Il s'agit de faire un miracle. Il faut que j'aille de Paris à Marseille, par les messageries, sans un sou. Eh bien, comment faire? Eh! pardieu, je vais y aller en millionnaire. »

LE MAJOR FRAZER. — Pour le coup, voilà quelque chose d'assez original.

LE DOCTEUR VÉRON. — L'auteur du *Bonnet vert* commença par écrire un billet à Anténor Joly, le directeur du *Vert-Vert,* son ami. Il lui demandait de lui prêter une malle de touriste, ah! mais une belle malle. Au bout d'une heure, l'autre lui envoya l'objet demandé. C'était une très belle caisse, avec des clous dorés et une serrure. Méry se mit à remplir la caisse en question de pierres, de sable et de paperasses. Quand il eut fini, il colla sur le couvercle une légende. C'était tracé dans le style de sa belle écriture, longue, nette, espacée. Il s'y trouvait d'abord trois **grands mots** : Argenterie — Bijouterie — Joaillerie, — le tout retenu par des sceaux de cire rouge, vous savez, cette belle cire dont on se sert dans la diplomatie.

NESTOR ROQUEPLAN. — **Allez donc toujours, c'est fort** intéressant.

LE MAJOR FRAZER. — Oui, ça ne ressemble en rien à tout ce qu'on connaît en fait de ruses de Gil Blas et de Lazarille de Tormès.

LE DOCTEUR VÉRON. — Ce n'était pas assez. Il y ajouta, sous forme d'appendice, ces autres mots : *Foire de Beaucaire*, vu que le voyage projeté coïncidait avec ce grand événement commercial des bords du Rhône.

NESTOR ROQUEPLAN. — Tout simplement un trait de génie.

LE DOCTEUR VÉRON. — Ainsi arrangée, la malle fut portée aux messageries. Méry s'engagea avec elle, et on ne lui demanda rien. Tant d'argenterie, de bijouterie et de joaillerie peut passer partout, et l'on ne fait rien payer d'avance à celui qui accompagne un tel bagage. Jusqu'à Lyon, le conducteur se confondait en attentions pour le voyageur. A Lyon, le colis fut reçu à l'*Hôtel de Paris*, et l'hôte empressé paya tous

les débours ; on servit au voyageur un très beau repas ;
on lui donna la meilleure chambre de l'hôtel.

— Il faut, dit Méry, que j'aille d'abord jusqu'à Marseille ; je reviendrai sous trois jours. Gardez-moi ce
précieux dépôt jusque-là.

— Je le poserai près de ma caisse, monsieur, lui répondit l'aubergiste. Vous pourrez donc dormir tranquille.

Méry était sans inquiétude. En effet, il alla à Marseille. Il se présenta. Il émargea et reçut les mille
écus ; il revint à Lyon, dégagea la malle, et reparut
ensuite triomphalement à Paris. — Qu'est-ce que
vous dites de ça? Est-ce que ça n'enfonce pas le neveu
de Rameau?

NESTOR ROQUEPLAN ET LE MAJOR FRAZER. — Nous
disons qu'il y a dans ce fait autant de poésie et de
gaieté que dans tout le *Théâtre de la foire.*

XLIV

LES ŒUFS D'ÉGYPTE

STÉNOGRAPHIÉ EN 1854

Rue Lamartine, dans un petit salon bleu très modeste. — Méry
écrit sur une table; Georges Bell fume dans un coin. — Quant
à moi-même, je feuillette un album de dessins et d'autographes.

GEORGES BELL. — Méry, ne causez plus, je vous
prie. Achevez vos cent vers.

MÉRY. — Bien! bien!... (*A moi.*) Vous le voyez, on
me traite en écolier. Un *pensum* à faire avant déjeuner. M'attendrez-vous jusque-là?

MOI. — Allez donc, mon maître; ce sera vite fait.

MÉRY, *s'interrompant.* — Est-ce qu'on ne vient pas
de sonner?

GEORGES BELL. — Je crois que si.

MÉRY. — En ce cas, il faut renouveler la consigne.
Joseph! Joseph!

Entre un groom de deux pieds et demi, en livrée extravagante.

LE GROOM. — Monsieur appelle?

MÉRY. — On a sonné. Si c'est l'éditeur R..., Joseph, vous lui direz que je suis mort et qu'on m'a fusillé, cette nuit.

LE GROOM. — Fort bien. Si c'est un autre ?

MÉRY. — Si c'est un autre, pardieu, vous laisserez entrer.

Joseph sort.

GEORGES BELL. — Méry, vous attendez quelqu'un ce matin ; vous ne l'avez pas oublié ?

MÉRY. — J'attends toujours le Messie ou un million depuis quarante ans.

Bruit dans l'antichambre. — Quelques cris.

GEORGES BELL. — Ne vous dérangez pas ; c'est Gérard.

LE GROOM. — Monsieur Gérard de Nerval.

Méry se lève brusquement pour tendre la main au nouveau venu.

GEORGES BELL. — Eh non, continuez donc, vous disje ; c'est de la *copie* pressée. Il faut en finir.

MÉRY. — Soit ; mais si c'était une Altesse sérénissime, je me lèverais pour la saluer. Gérard est l'un de nos meilleurs amis ; j'entends le traiter comme un prince.

GÉRARD DE NERVAL. — Oui, un prince du pays de Misère.

MÉRY. — Ce sont les seuls qu'on ne détrône pas. —

Mais, à propos, pendant que j'achève, ne vous gênez pas : causez. Seulement ne causez que deux à la fois.

MOI, *à Gérard.* — Il achève cent vers. Ne disons rien. Lisons. Il aura fini plus vite.

GÉRARD. — Voilà ce qui vous trompe. Le silence le gêne. Il lui faut du bruit comme à l'orateur qui errait sur les bords de la mer. Tenez, c'est pour ça qu'il a acheté ces deux petites perruches. Quand il n'y a personne autour de lui pendant qu'il travaille, les oiseaux piaillent. Ça lui fait illusion. Il s'imagine entendre deux académiciens qui se bombardent à coups de madrigaux.

MÉRY. — C'est pourtant vrai ce qu'il vous dit là.

GEORGES BELL. — Vous avez promis la pièce de vers pour onze heures dix. Voilà onze heures moins un quart. Vous n'arriverez pas.

MÉRY. — Si, j'arriverai. J'ai déjà soixante-seize vers. Il ne m'en faut donc plus que vingt-quatre. Le temps d'écrire et ce sera fait.

MOI. — Quelle prodigieuse machine épique il a dans la tête !

GÉRARD. — Tiens, vous vous étonnez de ça, vous ? (*A Georges Bell.*) A propos, sur quoi ces cent vers ?

GEORGES BELL. — Sur un îlot du Nil dans lequel des négociants de Marseille demandent à planter du coton. Une requête au vice-roi d'Égypte.

GÉRARD. — L'Égypte, ça me connait, puisque j'ai couché dans la grande pyramide de Chéops.

MÉRY. En ce moment même, je fais rimer Nil avec Miromesnil.

GÉRARD. — Ah! par exemple, cher ami, ne blaguez pas trop mon Orient, le pays sacré par excellence. Vous savez que je vous emmenne d'ici à six mois.

MÉRY. — Oui, après le succès de notre grand drame, — quand nous l'aurons écrit.

MOI. — Quel grand drame?

GÉRARD. — *La Revanche de Soudraka*, action indoue.

MÉRY. — Gérard, vous savez que j'aime le poison frais. Y a-t-il de bon poison dans le Nil?

GÉRARD. — Sans doute. Seulement les crocodiles le mangent.

GEORGES BELL. — Ne répondez pas, Gérard, je vous prie; laissez-le finir.

MÉRY. — Je n'ai plus que six malheureux vers à mettre sur leurs pieds. Ce n'est pas la mer à boire, j'espère. (*Il change de plume.*) Point de bon poisson en Egypte, puisque les crocodiles en font un prélèvement. Avec quoi déjeune-t-on alors? Quels sont les hors-d'œuvre?

GÉRARD. — Des melons d'eau.

MÉRY. — Trop sucré. Je préfère le gingembre. Y a-t-il des côtelettes de mouton passables?

GÉRARD. — Non, cher ami, pas une seule.

MÉRY. — Dans la terre où, sur l'ordre des Pharaons, dix magiciens faisaient des miracles pour contrebalancer ceux de Moïse ; dans la zone où Sésostris attelait quatre rois à son char en guise de chevaux ; dans le pays où le grand collège des hiérophantes dansait autour du bœuf Apis, pas de côtelettes ! Que met-on donc, le matin, sur la table du vice-roi, descendant de Psamménit ?

GÉRARD. — Des œufs à la coque.

MÉRY. — Et après?

GÉRARD. — Des œufs durs pour les accommoder en salade.

MÉRY. — Et après ?

GÉRARD. — Des œufs à la neige, en guise de dessert.

MÉRY. — Cette neige, provenant des poules, est la seule qu'on connaisse par là, j'imagine. Mais c'est là, Gérard, un déjeuner d'Égypte !

GÉRARD. — Un déjeuner de pacha, s'il vous plaît.

MÉRY. — Êtes-vous bien sûr de ce que vous dites?

GÉRARD. — Aussi sûr que je suis certain d'être en ce moment, à Paris, chez l'homme le plus spirituel de notre globe terraqué.

GEORGES BELL. — Méry, vous n'avez plus que cinq minutes devant vous, je vous en avertis.

MÉRY. — Bon, j'achève. (*Légère pause.*) Mais,

voyez-vous, c'est ce déjeuner d'œufs qui bouleverse toutes les puissances de mon entendement. Rien que des œufs ! Ce serait joli pour moi au bout de huit jours. Je suis convaincu que mes deux perruches elles-mêmes y renonceraient.

MOI. — Permettez ! Gérard s'amuse de votre crédulité. L'autre soir, chez madame P..., il nous a dit que, dans tout l'Orient, l'Européen est assuré de manger toujours d'excellent mouton. Est-ce vrai, ça ?

GÉRARD. — D'accord, mais il faut distinguer.

GEORGES BELL. — Expliquez-vous donc, cher ami.

GÉRARD. — J'ai raison en parlant de l'abondance des œufs et je n'ai pas tort en stipulant l'excellence du mouton. Les Arabes sont maîtres dans l'art de faire rissoler la brebis. Ne leur parlez jamais de côtelettes. Ils font un ragoût tel que le Café-Anglais et les Frères-Provençaux, étant condamnés à en trouver la recette, en seraient réduits à imiter Vatel en se passant leurs couteaux de cuisine à travers le corps. Ce ragoût ne se sert que dans les repas du soir. Je vous parle en homme qui a soupé cent fois sous la tente, en Asie et en Afrique. Mais, je le répète, le matin, ce sont les œufs, toujours les œufs.

GEORGES BELL. — Méry, voilà l'heure passée. Avez-vous fini ?

MÉRY. — Il ne me reste plus qu'à mettre un point,

19.

au dernier alexandrin. Mais, toute réflexion faite, je ne livrerai pas le travail.

MOI. — Pourquoi ça?

MÉRY. — Je me ferais un cas de conscience de contribuer, même de loin, même en prosodie, à la prospérité d'un pays où l'on ne déjeune qu'avec des œufs à la coque, des œufs en salade et des œufs à la neige.

GEORGES BELL. — Ah ! par exemple !

MÉRY, *en tortillant un papier, un manuscrit en allumette, y met le feu et l'approche d'un cigare.* — Joseph ! Joseph !

LE GROOM. — Que désire monsieur ?

MÉRY. — Faites presser le déjeuner et qu'on y serve cent côtelettes de mouton pour quatre

LE GROOM. — Monsieur va être servi.

MOI, *à Georges Bell.* — Est-ce que réellement il vient de brûler ses cent vers ?

GEORGES BELL. — Es-tu simple ! Ces cent vers, c'est 500 francs. Le papier qu'il a brûlé, c'est une facture d'un de ses fournisseurs.

LE GROOM. — Monsieur est servi.

MÉRY. — Allons, messieurs, à table !

XLV

LA SCIE DE L'ÉPICIER

Ce qu'adorait H. de Balzac, surtout après 1830, c'était la guerre à l'épicier. Hélas ! ce calme et modeste épicier, qu'il a décrit plus tard d'une manière bénévole dans les *Français peints par eux-mêmes*, il en faisait alors le prototype du bourgeois obtus, la synthèse politique, sociale et artistique du moment, le rempart de la royauté de Louis-Philippe, l'icoglan des rapins. C'était, du reste, une opinion partagée par beaucoup d'esprits d'élite, par Alfred de Musset, par Henry Monnier, par Eugène Delacroix, par H. Daumier, par H. de la Touche et par vingt autres, par ceux, en un mot, qui faisaient l'opinion publique.

En 1831, on se transmettait des ateliers d'artistes aux bureaux de journaux, des cafés littéraires aux foyers de théâtres, une jolie scie entre un épicier et un jeune coloriste qui se donnait pour un Anglais.

De qui était cette charge ? Les uns disaient : — « Elle est de Balzac ; » les autres : — « Elle est d'Henry Monnier ; » les autres : — « Elle est de Charles Philipon. » — Pour moi, j'ai toujours cru qu'elle était de ces trois illustres farceurs réunis. (*Ils ont été fort liés.*)

Et je la donne ici telle qu'on la faisait circuler.

Il est près de minuit. — Un épicier de la rue Richelieu, dans son comptoir, fait le relevé des ventes de la journée.

UN ÉTRANGER. — Meurice hôtel ?

L'ÉPICIER. — Meurisotol ? Connais pas !

L'ÉTRANGER. — Oh ! yes ! Meurice hôtel... hôtel... hôtel Meurice.

L'ÉPICIER. — Ah ! Maurice ! ah ! oui, oui, l'hôtel Mauri ! J'y suis.

L'ÉTRANGER. — Oh ! nô ! Meurice hôtel... hôtel !

L'ÉPICIER. — J'vous dis que c'est l'hôtel Meurice ! J'connais bien, qu'elle est *pleine* d'Anglais, parbleu ! Eh bien, c'est en face le marché des Jacobins... Tenez, mieux que ça. Ici, vous êtes rue Richelieu, par exemple ; eh bien ! vous descendez la rue jusqu'en face la Comédie. Eh bien ! que j'y ai mon cousin qui y a sa boutique auprès. Vous tournez à droite, par la rue Saint-Honoré, jusqu'à deux réverbères, devant une porte cochère, que c'est ce que vous appelez Meurisotol.

L'ÉTRANGER. — Oh ! nô !

L'ÉPICIER. — Si ! que j'vous dis !

L'ÉTRANGER. — Oh ! yes !

L'ÉPICIER, *ayant l'air de penser.* — Ah ! vous êtes Anglais. Yes, j'comprends ! Eh bien ! j'vais vous r'con duire ; qu'est-ce que ça fait ? (*A un garçon.*) Tenez, dites donc, Citrouillard, montez-moi chercher ma redingote, la bleue.

UNE VOIX DE FEMME, *au judas.* — Qu'est-ce que vous entendez par votre redingote ?

L'ÉPICIER. — J'entends, ma chère amie, que j'vas jusqu'au bout de la rue remettre un Anglais dans son chemin.

LA VOIX. — Vous n'avez pas besoin de r'conduire des Anglais à des heures indues.

L'ÉPICIER. — J'me trouverais chez eux, que tu s'rais bien contente qu'ils me reconduiraient, si je m'étais perdu.

LA VOIX. — C'est alors que, si vous faisiez ce coup-là, que ce serait un beau coup de temps pour rester chacun chez nous. Les Anglais, *c'est* tous dupeurs. (*Le judas se referme.*)

L'ÉPICIER *à l'étranger.* — C'est mon épouse ; c'est rien, allez ! Ça vous est-il égal que j'y aille en veste ?

L'ÉTRANGER. — Oh ! nô !

L'ÉPICIER. — Mais que vous êtes ridicule ! Puisque je ne peux pas faire autrement, que mon épouse ne

veut pas me donner ma redingote ; n'y a pas mauvaise volonté de ma part. D'abord, il est bon que vous
sachiez qu'il fait nuit ; et dites donc, l'Anglais,
comme dit le proverbe : « La nuit, tous les chats... »

L'ÉTRANGER. — Oh ! yes !

L'ÉPICIER. — Ah ! vous savez ? Eh bien ! y sommes-
nous ? (*Au garçon.*) Dites donc, Citrouillard, fermez
le magasin et ne montez pas à votre chambre. Je reviens tout de suite.

L'ÉTRANGER. — Oh ! nô !

L'ÉPICIER. — Allons, pas de bêtise. Je reviens tout
de suite.

L'ÉTRANGER. — Oh ! yes !

L'ÉPICIER. — Tenez, l'Anglais, voici l'Palais-Royal ;
c'est là un fameux endroit ; fameux ! fameux !

L'ÉTRANGER. — Oh ! yes !

L'ÉPICIER. — Oui, il n'est plus ce qu'il était sous la
Restauration. Ils l'ont moralisé. Vous les aimiez,
vous, les femmes ? Ah ! satané Anglais, va ! farceur,
va ! satané farceur !

L'ÉTRANGER. — Oh ! nô !

L'ÉPICIER. — Si, si ! farceur. On dit que vous ne riez
jamais dans vos îles, voyez-vous.

L'ÉTRANGER. — Oh ! yes !

L'ÉPICIER. — J'le savais bien, parbleu ! V'là la Comédie, cette baraque-là ; c'est là qu'est mort Talma.
Ah ! en v'là un crâne pour le tragique. Comme il vous

enlevait ça, celui-là! Ah! en v'là un de solide! Vous ne l'avez pas vu vous, dans ce qu'il jouait. Que j'ai été à son enterrement. Quel homme pour vous faire dresser les cheveux! Il n'y en a pas deux. En avez-vous un, vous, de Talma?

L'ÉTRANGER. — Oh! yes!

L'ÉPICIER. — Oh! yes! oh! yes! je voudrais le voir, le vôtre! je le voudrais ici. Tenez, là, v'là la rue du Rempart. Ah! la boutique à mon cousin est fermée. Oui, c'est qu'apparemment ils sont couchés.

L'ÉTRANGER. — Oh! nô!

L'ÉPICIER. — Si, allez ; à c't'heure-là, c'est probable. V'là la rue Nicaise. C'te petite rue-là, c'est la rue que vous autres, les Anglais, vous avez voulu faire sauter l'Empereur qui n'était encore que consul, c'est-à-dire apprenti, vous, avec la machine infernale... que c'est son cocher, qui était pochard, qui l'a sauvé.

L'ÉTRANGER. — Oh! yes!

L'ÉPICIER. — Vous l'saviez donc?

L'ÉTRANGER. — Oh! nô!

L'ÉPICIER. — Eh bien! alors, pourquoi dites-vous : *ho! yes*, puisque vous ne le saviez pas? V'là le passage Delorme; v'là un joli passage et bien commode pour aller aux Tuileries. Qu'on évite les crottes. En avez-vous un chez vous, de passage Delorme, pour aller aux Tuileries?

L'ÉTRANGER. — Oh ! yes !

L'ÉPICIER. — Ah ! vous en avez un aussi ? Eh bien ! on a bien fait : ça vous manquait. Nous v'là à Saint-Roch ; c'est là que Bonaparte, encore enfant, tirait sur les royalisses.

L'ÉTRANGER. — Oh ! nô !

L'ÉPICIER. — Je vous dis que si, parce qu'ils l'embêtaient. C'est dans les livres. Tenez, voyez-vous les réverbères, là-bas, les deux ? C'est là votre résidence. Vous voyez... voyez-vous ?

L'ÉTRANGER. — Oh ! nô !

L'ÉPICIER. — Vous n'y voyez donc pas, là-bas ! Eh bien ! puisque je suis en train, il ne m'en coûtera pas plus. Dites donc, votre pays, est-ce aussi grand qu'ici ?

L'ÉTRANGER. — Oh ! yes !

L'ÉPICIER. — Eh ! non, puisque c'est une île. Dites donc, y a-t-il beaucoup d'épiciers ?

L'ÉTRANGER. — Boco ! boco ! boco !

L'ÉPICIER. — Vous voulez dire beaucoup. Ah ! c'est pour ça que le commerce des pruneaux va si mal. Y en a de trop dans toutes les parties. Nous v'là arrivés. Vous allez frapper à la porte, on vous ouvrira.

L'ÉTRANGER. — Oh ! nô !·

L'ÉPICIER. — Eh bien ! si ça vous répugne, j'vas frapper pour vous. (*Il frappe.*) Allons, adieu, portez-vous bien.

L'ÉTRANGER, *quittant son faux accent.* — Adieu, épicier!

L'ÉPICIER, *interdit.* — Ah! c'est joli! Une farce de
fumiste. (*Longtemps après.*) — Adieu, faux Anglais

Telle est la scie entre l'artiste et l'épicier. — Encore aujourd'hui, nul ne sait à qui l'on doit, au juste,
en attribuer la paternité ; mais la collaboration
d'Henry Monnier s'y fait visiblement remarquer.

A titre de renseignement, disons ici que le même
inventeur du type de Joseph Prudhomme a laissé
une protestation écrite pour dire que H. de Balzac
avait introduit de vive force dans *le Médecin de campagne*, un de ses romans, l'*Histoire de Napoléon, racontée
dans une grange*, qui, de l'aveu de plusieurs contemporains, est son œuvre propre, à lui, Henry Monnier.

De même, *le Colonel Chabert* était un récit fait par
feu Latour-Mézeray, à ce qu'on a raconté.

Mais qu'importe ?

La verve comique d'H. de Balzac était aussi abondante que franche. Cela se voit en cent endroits de *la Comédie humaine* et notamment dans l'orgie de *la Peau de chagrin*. — H. de Balzac pouvait bien faire à lui seul *la Scie de l'épicier*.

FIN

TABLE

2-80. — CORBEIL. Typ. et stér. CRÈTE.